T. Paur

Über die Quellen zur Lebensgeschichte Dantes

T. Paur

Über die Quellen zur Lebensgeschichte Dantes

ISBN/EAN: 9783743309494

Hergestellt in Europa, USA, Kanada, Australien, Japan

Cover: Foto ©ninafisch / pixelio.de

Manufactured and distributed by brebook publishing software (www.brebook.com)

T. Paur

Über die Quellen zur Lebensgeschichte Dantes

Ueber die Quellen
zur
Lebensgeschichte Dante's.

Von

Dr. Theodor Paur.

(Separat-Abdruck aus dem 39. Bande des Neuen Lausitzischen Magazins.)

Görlitz.
Heyn'sche Buchhandlung (E. Remer).
1862.

Vorwort.

Diese Abhandlung, eigentlich für das Neue Lausitzische Magazin bestimmt, erscheint außerdem als besonderer Abdruck, indem ich hoffe, daß sie auch über den Leserkreis jener Zeitschrift hinaus den Freunden des Dante-Studiums nicht unwillkommen sein werde. Möchten Kenner die Ueberzeugung gewinnen, daß die wenigen Bogen nicht ohne sorgfältige Bemühung geschrieben werden konnten; möchten solche auch die Lückenhaftigkeit meines Versuches mit der ihnen wohlbekannten Schwierigkeit, die erforderlichen Quellen und Hülfsmittel zu erlangen, nachsichtig entschuldigen! Auch unsere öffentlichen großen Bibliotheken in Deutschland lassen ja auf diesem Gebiete manches Wichtige vermissen. So hätte ich mich in Betreff der Vita von Filelfo mit den Excerpten von Mehus begnügen müssen, wenn mir nicht die Benutzung des Werkes aus den seltenen Schätzen der Handbibliothek Sr. Majestät des Königs Johann von Sachsen verstattet worden wäre. Nach Maßgabe dessen also, was mir zu Gebote stand, bitte ich die nachfolgenden Blätter zu beurtheilen. Sie gehören mit zu den Vorstudien für eine größere Arbeit, deren Ausführung seit Jahren zu den Wünschen meines Lebens gehört.

Görlitz, den 22. November 1861.

Der Verfasser.

Google

I.

Die Begriffe von der Lebensgeschichte eines Schriftstellers haben sich seit der zweiten Hälfte des vorigen Jahrhunderts gegen früher wesentlich umgestaltet. Ließ man sich ehedem an der trockenen Zusammenstellung der äußerlichen Thatsachen genügen, so erwartet man gegenwärtig von dem Biographen nicht blos den thatsächlichen Lebensverlauf in anschaulicher Darstellung, sondern zusammenhängend damit den ganzen inneren Entwicklungsgang und, insoweit es für die Perspective des Bildes nöthig ist, zugleich als Hintergrund die allgemeinen Zeitverhältnisse, die mit dem äußeren und inneren Leben des Einzelnen in Wechselwirkung standen. Daraus ergibt sich gegen früher eine bedeutende Erweiterung des Quellen-Bereiches; denn während z. B. sonst die Schriften eines Dichters in der Biographie nur aufgezählt wurden, gelten sie heut als Quellen für die innere, zum Theil auch für die äußere Geschichte des Schriftstellers; aber es ist dabei noch zu bemerken, daß innere und äußere Geschichte in der Darstellung so wenig als möglich zu trennen sind, vielmehr so in einander greifen müssen, wie das Leben selbst sie als eine organisch gestaltete Einheit hervorbringt.

Alles das findet seine Anwendung auch bei den zahlreichen Biographieen des großen Italieners, die seit dem Tode desselben bis zur Gegenwart erschienen sind. Im Anfange bringt persönlicher Antheil noch eine gewisse Wärme und Fülle hinzu und es wird auf den wechselnden Gemüthszustand des Dichters und zum Theil auch auf den Charakter seiner Schriften eingegangen[1]; später jedoch werden die Lebensgeschichten Dante's so trocken, daß man zweifeln möchte, ob der eine oder der andere Biograph mehr als die Titel seiner Schriften kennen gelernt habe. Das ist seit dem Umschwunge des geistigen Lebens in Europa zu Ende des vorigen Jahrhunderts anders geworden. Vor Allen haben die Italiener, mit einem höheren, als dem blos litterarisch-ästhetischen Antheil, dem Urvater ihrer nationalen Poesie ein tief eindringendes Studium gewidmet und sie besitzen in den Lebensgeschichten Dante's von Cesare Balbo[2]) und von Melchior Missirini[3]) umfassende Darstellungen jenes Zauberkreises, in welchem Dante den Stab führte. Die stammverwandten Franzosen haben, wie meistens, sich und ihren Lesern die Sache etwas leichter gemacht; doch sind gerade sie es, die das Wirken Dante's von verschiedenen Gesichtspunkten dem großen Publikum zur Anschauung zu bringen suchten; so Ozanam[4]) als Katholik vom religiös-philosophischen, Delécluze[5]) vom Gesichtspunkte der mittelalterlichen Liebespoesie, Fauriel[6]) in der einen Hälfte seines Werkes mit wesentlicher Berücksichtigung des sprachlichen Elementes. Wir Deutschen erfreuen uns erst einer vollständigen Lebensgeschichte Dante's, nämlich von Franz Wegele[7]) in Jena, aber diese eine, gründlich und mit Ernst geschrieben, gleichmäßiger in der Durcharbeitung und Formung des Stoffes, als die früheren, gewinnt besonders dadurch an Werth, daß der Verfasser zum ersten Mal den historisch-politischen Gesichtspunkt vollständig und mit der Unbefangenheit des Geschichtsschreibers zur Geltung bringt.

Es schien mir keine überflüssige Arbeit, zur Vermittelung einer Einsicht in diese Biographieen, die ein so glänzendes Stück Welt- und Kulturgeschichte zum Gegenstande haben, bei den Quellen derselben zu verweilen und sie in einer übersichtlichen Skizze so zusammenzustellen, daß das allmähliche Anwachsen des Materiales für den Biographen von Jahrhundert zu Jahrhundert, so weit es mir selbst zugänglich war, zur Anschauung gelange und zugleich die Ursprünglichkeit und der daraus sich ergebende Werth der verschiedenen Quellenstücke erkannt werden möge. Ich schlage demnach hier den entgegengesetzten Weg ein, als Giuseppe Pelli, der in seinen schätzenswerthen Memorie⁸) vielmehr den Thatsachen folgte, indem er dieselben der Reihe nach, nicht erzählte, sondern aus den Quellen kritisch beleuchtete und dadurch dem künftigen Biographen auf's Gründlichste vorarbeitete.

Indem ich mich jetzt zu meiner Aufgabe selbst wende, scheide ich vorerst, wie natürlich, die Berücksichtigung aller derjenigen historischen Quellen davon aus, welche die allgemeine Grundlage für die Darstellung des Zeitalters, in welchem Dante hervortritt, bilden, und ich bleibe bei demjenigen stehen, was unmittelbare Beziehung auf Dante selbst hat. Vergegenwärtigen wir uns nun, daß wir es mit einem Dichter zu thun haben, der die Welt in sich aufnahm und sie aus seinem Geiste wiedergebar, zugleich mit einem Philosophen, der alle Erscheinungen streng auf die höchste Idee bezog, endlich mit einem Staatsmanne, der das Wohl des Vaterlandes nur auf Wahrheit und Recht gründen wollte, im Ganzen also mit einem Schriftsteller, dessen gewaltiger Geist in ununterbrochener thatkräftiger Wechselwirkung mit dem geschichtlichen Volksleben stand und dabei ungestört in der eigenen Tiefe seine Schöpfungen bereitete, — vergegenwärtigen wir uns diese seltene Einheit von Schauen und Handeln, so werden wir es begreiflich finden, daß Dante's eigene Schriften mit unter die Hauptquellen seiner Lebensgeschichte zu rechnen sind. Denn abgesehen davon, daß sie Aufschluß gewähren über die geistige Entwicklung des Dichters, enthalten sie auch, obwol zum Theil in geheimnißvoller Andeutung, alle wichtigeren Lebensumstände desselben und ihre Wendungen. So ist die Vita nuova⁹), welche von der schwärmerischen Liebe des Knaben und Jünglings erzählt, keineswegs blos eine dichterische Allegorie, sondern sie beruht auf thatsächlichem Grund und Boden, selbst bis zu genauen chronologischen Angaben¹⁰), obwol sie zugleich dieses Thatsächliche zu rein dichterischen Zwecken verwendet. Der Biograph wird diese beiden in einander verschmolzenen Bestandtheile nie ganz zu sondern vermögen, aber er würde seinen Stoff grausam verkürzen, wenn er die Schrift von dem Kreise der Quellen ausschließen wollte. Seinem historischen Tacte bleibt es überlassen, was und wieviel er daraus in seine Darstellung verweben will. Anders verhält es sich mit dem Convito¹¹) und den beiden Schriften de Monarchia¹²) und de vulgari Eloquio¹³); ihr Inhalt ist wesentlich theoretisch, indem das erste die philosophischen, das zweite die politischen, das dritte die litterarisch-ästhetischen Ansichten Dante's, insbesondere über die italienische Volkssprache und ihre Berechtigung zur Poesie, aussprechen; doch da alle drei unter bestimmten Einflüssen der Zeit entstanden, so finden sich auch in ihnen mancherlei persönliche Beziehungen. Auch die Canzonen und Sonette, sowie die beiden lateinischen Eklogen[14]), beantworten manche Frage dieser Art[15]). Die reichste Ausbeute aber gewährt dem Biographen Dante's Hauptwerk, die Commedia[16]); denn es liegt in der Anlage und Natur dieser wunderbaren Schöpfung, daß der Dichter darin seine eigenen Lebensschicksale als einen inhärirenden Theil des großen Weltgeschickes darstellt und deshalb sein Lieben und Leiden, seine Freundschaften und Feindschaften, sein Kunststreben nach verschiedenen Richtungen, seine Kämpfe für das Vaterland, seinen Sturz und sein Exil, sein Verhältniß zu den politischen Größen des Zeitalters, ja selbst seine Familienerinnerungen, entweder als Geschehenes oder in der Form der Vorausverkündigung, getreulich mit den Zügen des ganzen Gemäldes verflicht[17]). Von jeher haben die Historiker diese Mittheilungen für mehr als poetisch gehalten, haben manche Abschnitte des Werkes förmlich als geschichtliche Quelle benützt[18]); in der neueren Zeit gewinnen dieselben durch genauere Vergleichung unter ihnen selbst und mit anderen Quellen mehr und mehr an Zuverlässigkeit, und wenn der Biograph sich nur stets des Doppelverhältnisses der Commedia als Dichtung und verhüllter Geschichte bewußt bleibt, so wird er, von dem übrigen Quellen-Material unterstützt, nicht leicht irre gehen können[19]). Ja, es wäre möglich, blos aus den poetischen Schriften des Dichters, mit Abweisung aller anderen Hülfsmittel, gewissermaßen eine ideale Geschichte desselben zu entwerfen, der es zwar an diplomatischer Genauigkeit, keineswegs aber an innerer Wahrheit, auch nicht an Vollständigkeit der wichtigsten Thatsachen fehlen würde.

Außer den Schriften Dante's liegen uns indeß noch eine kleine Reihe von Actenstücken vor, die nicht blos seine Person betreffen, sondern von ihm selbst herrühren. Dahin rechne ich zuerst den von ihm abgefaßten Bericht über seine Disputation in Verona vom 20. Januar 1320[20]), worin er die damals geltende Ansicht der Physiker, auch seines Lehrers Brunetto Latini[21]), ohne diesen jedoch zu nennen, daß das Wasser rings um den Erdkörper über die Oberfläche des letzteren emporrage, argumentirend widerlegt. Dieses Actenstück hat, abgesehen von seinem wissenschaftlichen Inhalte, für den Biographen den zwiefachen Werth, daß es den Aufenthalt Dante's in Verona zu jener Frist, sowie einen kurz vorhergehenden in Mantua constatirt und uns außerdem den Dichter als scholastischen Disputanten vorführt. Ungleich höhere Bedeutung ist den uns aufbehaltenen Briefen Dante's zuzuerkennen.[22]) Der Chronist Giovanni Villani[23]) bezeichnet davon drei als besonders wichtig, einen an die Regierung von Florenz, worin er sich über sein unverschuldetes Exil beklagt, einen anderen an Kaiser Heinrich VII., als dieser allzulange bei der Belagerung von Brescia verweilte, anstatt sich gegen Florenz, die Wurzel alles Uebels, zu wenden, einen dritten an die italienischen Cardinäle, um sie nach dem Tode Clemens' V. zum Widerstande gegen die französische Partei des Collegiums und zur Wahl eines Italieners zu bewegen. Das erste Schreiben ist bis jetzt nicht wieder aufgefunden worden[24]); die beiden anderen sind vorhanden[25]), doch bedarf das letzte noch mancher Aufklärung. Dazu kommen folgende von entschiedenem Werth, deren Aechtheit unzweifelhaft: an den Legaten Nicolaus, Bischof von Ostia und Cardinal von Prato, den der Papst im Jahre 1304 nach Florenz als Friedensstifter entsendet hatte, im Namen der florentinischen Verbannten und ihres Führers Alessandro da Romena, mit dem Erbieten, sich um des Friedens willen seinem

Richterspruche unterwerfen zu wollen[26]); an einen florentinischen Freund, etwa vom Jahre 1316, worin der Dichter die ihm vorgeschlagenen demüthigenden Bedingungen seiner Rückkehr in die Heimath, der heiß ersehnten, mit stolzem Selbstgefühl zurückweist[27]); an die Fürsten und Herren Italiens, um sie auf die Ankunft Heinrich's von Luxemburg vorzubereiten, des gnadenreichen Heinrich's, den Gott ihnen sende zur Wiederaufrichtung der römischen Weltmonarchie, zur Herstellung der Gerechtigkeit, zum Strafen, aber auch zum Verzeihen[28]); an die ruchlosen, einheimischen Florentiner, im ersten Jahre des kaiserlichen Zuges, mit kühnen Drohungen ihr Widerstreben gegen die heiligen Gesetze, deren Befolgung nicht Knechtschaft, sondern höchste Freiheit sei, offenbarend und züchtigend[29]); endlich das ausgedehnte, für das Verständniß der Commedia so belangreiche Schreiben an den Herren von Verona, Can Grande della Scala, um 1318, worin Dante sich über sein Verhältniß zu dem Fürsten, über Stoff, Form, Idee und die verschiedenen Erklärungsweisen seiner Dichtung erschöpfend ausspricht[30]). Außerdem von geringerer Bedeutung: an die Neffen des Grafen Alessandro da Romena, Beileid bezeigend wegen des Ablebens von jenem, wahrscheinlich vom Jahre 1305[31]); an den Markgrafen Morcello Malaspina, ohne daß mit Sicherheit zu entscheiden, welcher dieses Namens der hier gemeinte sei, in Begleitung einer Canzone, wahrscheinlich aus der Zeit zwischen 1306—7, wo Dante sich im Casentinischen aufhielt[32]); an Cino da Pistoja, den Dichter und mitverbannten Freund, zur Antwort auf eine an ihn gestellte moral-philosophische Frage[33]); endlich an Guido da Polenta, den Fürsten von Ravenna, aus Venedig datirt vom 30. März 1314, Bericht erstattend von einer dorthin übernommenen Gesandtschaft, mit strengem Tadel gegen den Uebermuth, die Tyrannei und schmähliche Unwissenheit des Senates[34]). Alle diese Briefe sind in einem hohen, bilderreichen, biblisch-prophetischen Stile abgefaßt und zeigen schon darin die unverkennbaren Spuren ihres Ursprunges, stimmen aber auch sonst durchweg mit dem Geiste der Dante'schen Schriften überein. Es wird weiterhin bemerkt werden, daß uns noch manche Briefe fehlen, die den Biographen der früheren Jahrhunderte bekannt waren; hoffentlich sind sie nicht verloren, sondern liegen nur verstaubt in den Archiven Italiens und harren noch ihrer Erlösung.

Nachdem erst die Haß und Rache athmenden Parteistürme, deren Opfer auch Dante wurde, aus deren geschichtlichen Gestalten er aber zugleich einen guten Theil Stoff für sein Epos gewann, Jahrzehnte nach seinem Tode einer ruhigeren Entwicklung gewichen, gelangte die Commedia, die längst im Geiste des Volkes heimisch war, auch zur Anerkennung der Gelehrten und der Fürsten; man fing jetzt an, sie die göttliche zu nennen, ja man erkor sie in demselben Jahrhundert, in welchem die enthusiastische Wiederbelebung des classischen Alterthums begann und dadurch manches dem Geiste des Werkes widerstrebende Interesse angeregt wurde, in den Hauptstädten Italiens zum Gegenstande öffentlicher Vorlesungen für eigens dazu errichtete Lehrstühle; so in Florenz, der Vaterstadt des Dichters, die ihn in die Verbannung geschickt und zum Feuertode verurtheilt, so in Bologna, in Pisa, in Mailand. Diese Vorlesungen wurden in anderer Weise gehalten, als es heut zu Tage der leichtere und gefälligere Geschmack der Gegenwart verlangt; sie entwickelten nicht in großen Zügen den Ideeengehalt der welthistorischen Dichtung, sondern sie schlossen sich mit ängstlicher Sorgfalt dem Buchstaben an und gaben vielmehr eine Erklärung im Einzelnen, als im Ganzen. Dieser pedantischen Methode verdanken jedoch wir Nachlebenden einen Schatz von Aufklärung über Personen-Zustände, Schriften und unzähliges Andere, was mit Dante's Commedia in Beziehung steht, eine bereitwillig gespendete Weisheit, auch abgesehen von dem Zusammenhange mit dem Werke, die uns größtentheils fehlen würde, wenn jene Vorlesungen nicht in der bezeichneten Weise gehalten worden wären. Und wie sie pedantisch gehalten wurden, so wurden sie auch niedergeschrieben. Ein Theil davon liegt uns gedruckt vor, andere vermodern ungekannt und ungenützt in den Bibliotheken[35]).

Nun ließe sich denken, daß diese Commentatoren der Commedia an den Stellen, wo sie erklärend von den persönlichen Schicksalen des Dichters zu sprechen haben, einen erheblichen Beitrag liefern zu dem Quellen-Materiale der Lebensgeschichte Dante's; ich meine diejenigen, welche noch in das Zeitalter desselben hinaufreichen, also aus erster Quelle zu schöpfen Gelegenheit hatten. Das ist jedoch nicht der Fall, vielmehr berichten sie zwar äußerst umständlich, bis zur Ermüdung, über die philosophisch-theologischen, die mythologischen, auch über die historischen Bestandtheile, insoweit diese letzteren der Vorzeit angehören, halten sich dagegen sehr sparsam in Beziehung auf die Gegenwart des Dichters und sein persönliches Auftreten; in den meisten Fällen schreiben sie nur die scharflakonischen Worte desselben in breite Prosa um oder fügen etwas aus Giovanni Villani's Chronik oder aus der Vita Dante's von Boccaccio bei. So wissen uns z. B. alle diese Commentatoren, obwol einige den Dichter noch persönlich gekannt und seinen Umgang genossen haben, nichts weiter von seinem Verhältniß zu Brunetto Latini zu berichten, als was sie im 15. Gesange des Inferno zu lesen fanden; selbst daß dieser der Lehrer Dante's gewesen, scheinen sie nur daraus zu schöpfen[36]). Doch ich führe sie sämmtlich in wenigen charakterisirenden Bemerkungen vor, um zu zeigen, wie gering die Ausbeute aus ihnen für den Biographen ist. Von Boccaccio's Commentar schweige ich hier noch, weil er späterhin in anderer Verknüpfung vorkommt.

Einer der beiden ältesten der durch den Druck bekannt gewordenen Commentare ist derjenige, welcher dem Pietro Allighieri, einem Sohne des Dichters, zugeschrieben wird[37]). Gerade dieser ist an historischem Material der ärmste von allen, und so findet sich auch von Dante's Person und Schicksalen bei ihm nur die spärlichste Auskunft; eben dies spricht vielleicht für die Aechtheit der angegebenen Autorschaft, da es natürlich scheint, daß der Sohn bei den obwaltenden Verhältnissen über den Vater so wenig als möglich sich ausließ und sich streng an die Sache hielt. — Frei von solchen Rücksichten war der unbekannte Verfasser des anderen der beiden ältesten Commentare, des sogenannten Ottimo Commento[38]). Aus mehreren Stellen darin erfahren wir, daß er mit dem Dichter persönlich bekannt war[39]); die eine davon enthält die interessante Versicherung desselben gegen den Verfasser, daß er niemals in seinen Dichtungen um des Reimes willen etwas Anderes gesagt, als was er habe sagen wollen[40]). In den Erläuterungen zu den vorausverkündigenden Worten, welche Dante im Paradiso aus dem Munde seines Stammvaters Cacciaguida über sein bevorstehendes Exil vernimmt, wird von dem Commentator als die erste Zuflucht des Verbannten, übereinstimmend mit Pietro Allighieri, unter den Fürsten Verona's Bartolomeo della Scala bezeichnet[41]). Es ist dies darum von Bedeutung, weil diese Angabe, im

Wettstreite mit der abweichenden in Boccaccio's Vita, bei den Nachfolgenden allmählich durchdrang und gegenwärtig fast für unzweifelhaft gilt⁴²). Uebrigens beruft sich der Verfasser mehrfach auf bereits vorhandene Commentare, z. B. auf den des Cancellieri di Bologna, von dem wir nichts wissen. — Der ergiebigste unter den uns vorliegenden Commentaren des 14. Jahrhunderts, zugleich derjenige, der nach den verschiedenen Richtungen die gleichmäßigste Auskunft ertheilt und zugleich am vernünftigsten Maß hält zwischen buchstäblicher und allegorischer Auffassung, ist der des Benvenuto Rambaldi von Imola⁴³). Er nennt Boccaccio seinen verehrten Lehrer, hörte dessen Vorträge in der St. Stephanskirche zu Florenz über die Commedia⁴⁴) und lernte wahrscheinlich als Jüngling von 15 bis 16 Jahren den Dichter kurz vor dessen Tode in Ravenna noch persönlich kennen. Zu Bologna hielt er dann selbst, im Jahre 1375, unter außerordentlichem Zuspruche Vorlesungen über Dante's Dichtung⁴⁵); aus diesen ging der Commentar hervor, welcher als die Hauptquelle für alle nachfolgenden zu betrachten ist. Die historischen Bestandtheile desselben erachtete Muratori für original genug, um sie vollständig excerpirt dem ersten Bande seiner Antiquitates Italicae einzuverleiben⁴⁶). Darin finden sich denn auch speziell über Dante eingehendere Mittheilungen, als bei den Früheren. Untersuchen wir sie jedoch näher, so gewahren wir beinahe durchgehends als die Quelle derselben Boccaccio's Vita, in der einen Stelle selbst mit Beibehaltung eines offenbaren Fehlers, den die Uebrigen, die sich an Boccaccio hielten, nicht mit aufnahmen⁴⁷). Als ein Zuwachs originaler Nachrichten über Dante mag etwa gelten, daß der Vater des Dichters Rechtsgelehrter⁴⁸), daß Brunetto Latini wirklich Lehrer von Jünglingen war⁴⁹), daß der junge Dante einmal, als ihm unvermuthet Beatrice auf der Treppe entgegenkam, halbtodt niederstürzte und längere Zeit bewußtlos blieb⁵⁰), — wenn dies nicht etwa blos ähnlichen Vorgängen in der Vita nuova nachgebildet ist; — daß der Sänger Casella Dante'sche Lieder in Musik gesetzt habe⁵¹) und daß Dante mit dem Maler Giotto in Padua zusammengetroffen⁵²); auch rechne ich dazu die Beschreibung der Marmorvertiefungen im Baptisterium zu Florenz, die besser ist als im Ottimo Commento, zur Veranschaulichung der von Dante berührten Thatsache, wie er zur Zeit seines Priorates einen dieser Wasserbehälter mit der Axt zerschlug, um einen beim Spiel hineingefallenen Knaben zu retten⁵³). — Wo möglich umfangreicher als Benvenuto's Commentar, doch von geringerem Werth, ist der des Francesco da Buti, der seine Vorträge über die Commedia an der Universität in Pisa hielt und die schriftliche Abfassung derselben um 1385 beendete⁵⁴). Er benützte, wie er selbst andeutet, den Commentar des Boccacio⁵⁵) sowie den des Guido del Carmino, von dem wir sonst keine Kunde haben⁵⁶). Im Historischen fehlt es nicht an Versehen⁵⁷). Die kurze Lebensskizze Dante's in der Einleitung berührt nur das allgemein Bekannte; doch verdienen späterhin einige Bemerkungen über das feindselige Verhältniß des Ghibellinenhauptes Farinata zu den guelfischen Voreltern Dante's und wie diese ehrgeizig nach der Signorie gestrebt und dadurch ihren Fall herbeigeführt hätten, Beachtung⁵⁸). — Schon der Mitte des 15. Jahrhunderts gehört Guiniforto delli Bargigi an, dessen Commentar, soweit er uns vorliegt, sich nur über das Inferno erstreckt⁵⁹). Er genoß in Mailand bei Herzog Filippo Maria Visconti, nachdem er einmal wegen seines Freimuthes verbannt worden war, sowie auch bei dessen siegreichem Nachfolger Francesco

Sforza, Gunst und Ansehen, bekleidete an der Universität die Professur der Beredsamkeit und Moralphilosophie, die schon sein gelehrter Vater inne gehabt, und hielt zu gleicher Zeit Vorlesungen über Dante's Commedia. In welchem Geiste dies geschah, und wie wenig Aufklärung wir von ihm über die Zeitverhältnisse zu erwarten haben, bekennt er selbst an der Stelle, wo er die Prophezeiungen des Ciacco erläutern soll, höchst naiv mit den Worten, er sei nicht Willens, die Erinnerung an die alten Parteistreitigkeiten der Florentiner zu erneuern und dadurch dieselben vielleicht wieder zu entflammen, theils weil dergleichen seiner Natur widerstrebe, dann auch, weil sein gnädiger Herr es nicht erlauben werde, der vielmehr wünsche daß die Republik Florenz in Ruhe und Frieden bleibe[60]). Er erzählt also von alle dem so wenig als möglich und nichts Neues. Auch im Kirchlichen ist er so furchtsam, daß er z. B. die Deutung der gefräßigen Wölfin zu Anfange des Inferno auf die Habgier der Prälaten sehr unanständig findet und nicht weiter darauf eingehen mag[61]). Dagegen hält ihn sein Zartgefühl nicht ab, bezüglich der kindlich verehrenden Worte Dante's an Brunetto Latini die Möglichkeit einer bitter ironischen Auffassung einzuräumen, als ob nämlich der väterliche Lehrer unter dem Scheine des Unterrichtes seinen Schüler zu derselben Scheuslichkeit habe verleiten wollen, um deren Willen er im Inferno schmachtet[62]).

Ich greife noch einmal zurück und überblicke die erwähnten Commentare sammt den noch fehlenden bis in's 16. Jahrhundert hinein, indem ich an einem für die Lebensgeschichte Dante's besonders interessanten Punkte die Unsicherheit dieser Berichterstatter nachweise. Ich meine die historische Existenz der Jugendgeliebten Beatrice, an der Boccaccio keinen Zweifel zuläßt, während die Anderen so verschieden davon urtheilen. Pietro Allighieri, der vermeintliche Sohn des Dichters, gedenkt in seinem Commentare mit keiner Silbe einer Beatrice, die dem Leben angehört habe, bleibt vielmehr consequent bei der allegorischen Deutung: „Beatrix, id est theologia"[63]). Der Verfasser des Ottimo Commento sträubt sich offenbar gegen eine bestimmte Annahme, indem er zu dem Erscheinen der Beatrice im Purgatorio, die Erläuterung gibt, man könne die Stelle geistig, aber auch buchstäblich und körperlich verstehen, insofern der Dichter Canzonen und Sonette an eine unter den Sterblichen weilende Geliebte dieses Namens gerichtet habe und auch Cino da Pistoja derselben erwähne. Er fügt noch bei: hierüber wäre viel zu sagen, was er jedoch der Kürze wegen unterlassen müsse[64]). Man sieht, der Verfasser weiß mehr von der Sache, als er für räthlich hält mitzutheilen, wahrscheinlich weil es ihm nicht sicher genug dünkt. Auch hier finden wir bei Benvenuto Rambaldi die erwogenste Auskunft. Er tritt einen Augenblick aus der Allegorie heraus und stellt sich die Frage: „Wer war Beatrice?" Zur Antwort gibt er die positive Versicherung: „sie war wirklich eine florentinische Jungfrau"[65]), und nun folgt eine kurze Erzählung der jugendlichen Liebesgeschichte nach Dante's Vita nuova, ohne daß diese jedoch erwähnt wird, und die sehr verständige Bemerkung, daß der Dichter diese Gestalt in seinem Werke bald historisch, bald, und zwar öfter, allegorisch als Theologie aufgefaßt haben wolle. In directem Gegensatze dazu verneint Francesco da Butl entschieden die leibliche Existenz der Beatrice. Ihm ist sie durchaus nichts Anderes als die santa Teologia und er findet dies schon in ihrem Namen begründet, der so deutlich das Segenspendende bezeichne[66]). Die Stelle im

Purgatorio (Ges. XXX.), wo die Jugendliebe des Dichters und seine Untreue so stark betont wird, erklärt sich der Verfasser durch die gezwungene, historisch unerweisbare Annahme, daß Dante, von seinem Knabenalter an in die heilige Schrift verliebt, eine Zeitlang dem Orden des h. Franziskus angehört habe, vor Beendigung des Noviziates jedoch wieder ausgetreten und dann weltlichen Dingen nachgegangen sei[67]). Nun möchte Jemand einwenden, fährt er fort, Beatrice sei vielleicht eine Jungfrau von Fleisch und Bein gewesen; hierauf versichert er, das sei nicht der Fall[68]), obwol er nicht leugnen will, daß der Dichter bei Personificirung der Theologie an die mehr als hundert Jahre zuvor lebende Gräfin Beatrix, in deren Tugend er verliebt gewesen sei, gedacht haben könne[69]). Guiniforto belli Bargigi bleibt ebenfalls bei der allegorischen Auffassung stehen, ohne sich auf die Streitfrage im Mindesten einzulassen[70]). Ferner Christoforo Landino zu Ende des 15. Jahrhunderts, dessen Commentar im Wesentlichen auf dem des Benvenuto Rambaldi fußt und der so auch diesem in der Annahme einer lebenden und dann verewigten Beatrice folgt. Zum Beweise beruft er sich auf die seinem Werke vorausgehende Vita, sowie auf verschiedene Stellen der Dichtung, aus welchen hervorgehe, daß die keusche Liebe zu dieser Jungfrau dem Dichter zur Veranlassung wurde, die Geschichte in die poetische Anschauung aufzunehmen und jene als das beschauliche Leben im christlichen Sinne hinzustellen; der Name Beatrice selbst unterstützte diese Auffassung, da wol nichts reicher an Glückseligkeit sei, als die Erkenntniß Gottes und der himmlischen Dinge. Ganz dieselbe Haltung zeigt Alessandro Bellutello im 16. Jahrhundert, indem auch er die wirkliche Existenz Beatricens als die Veranlassung der allegorischen gelten läßt[71]). Bernardino Daniello endlich, oder wie er sonst geheißen haben mag, der demselben Jahrhundert angehört, thut wieder ganz so, als ob er von der lebenden Beatrice nichts wissen wolle; ihm ist sie die vollendende Gnade und die Theologie, obwol er demungeachtet, dem Dante'schen Texte folgend, von ihrem Uebergange aus diesem kurzen und sterblichen Dasein in das unsterbliche und ewige spricht[72]). Solchen Schwankungen unterlag die Ansicht über diesen einen Punkt aus der Lebensgeschichte des Dichters im Laufe von zwei Jahrhunderten. Und auch die Biographen dieses Zeitraumes blieben zum Theil nicht frei davon, wie sich weiterhin zeigen wird.

II.

Ich wende mich nun zur Hauptquelle, die freilich bei Weitem nicht allein genügt, ohne welche jedoch eine Biographie kaum möglich wäre, ich meine die Vita von Giovanni Boccaccio, dem berühmten Wiederhersteller der altclassischen Litteratur und Verfasser des Decamerone. Derselben Heimath entsprossen wie Dante und mit seinen Knabenjahren noch in das Leben desselben hineinreichend[73]), war er wol in der Lage, authentische Nachrichten über ihn zu sammeln. Gemeinsames Interesse für die Feststellung, Befruchtung und Ausbildung der eben erst durch Dante zur Schriftsprache erhobenen Volksmundart mußte ihn außerdem stets auf diesen zurückführen und legte ihm die Verpflichtung nahe, seiner vor der Welt zu gedenken. Ein Beweis dafür, wie ernstlich er sich mit ihm und seinen Werken beschäftigte, so wenig auch die eigene weltliche Richtung dem Geiste derselben entsprach, ist der von ihm hinterlassene Commentar zu den ersten sechzehn Gesängen des Inferno[74]).

Dieser ist eine Frucht der öffentlichen Vorträge, die Boccaccio seit dem Jahre 1373 in Florenz, von der Stadt eigens dazu berufen, über Dante's Commedia hielt, und liefert in manchen Stücken wünschenswerthe Ergänzungen zu der Vita, die etwa zwanzig Jahre zuvor geschrieben sein mag[75]). Spätere Biographen haben dem Verfasser den Vorwurf gemacht, er habe Dante's Lebensgeschichte im novellistischen Stile des Decamerone abgefaßt, habe sie mit den Liebesseufzern der Fiammetta angefüllt und über den Schwärmereien des Jünglings die Thaten des Mannes vergessen[76]). Zum Theil ist dieser Vorwurf begründet; denn die Darstellung der politischen Wirksamkeit Dante's ist sehr ungenügend, an die Stelle von Thatsachen treten öfter weitschweifige, von der Sache abirrende Betrachtungen, die den Gegenstand in falschem Lichte zeigen, ja auf Traumgesichte und Anekdoten wird ein Werth gelegt, der dem Novellisten mehr Ehre macht als dem Historiker. Bei alledem aber bleibt ein fester Kern von Thatsachen zurück, der die Vita des Boccaccio als Fundament aller nachfolgenden Biographieen erscheinen läßt, und man darf überzeugt sein, der anmuthige Fabler hat hier überall die geschichtliche Wahrheit sagen wollen. Ein Uebelstand sind die Mängel der vielen Handschriften, deren Abweichungen so weit gehen, daß die beiden sich am weitesten von einander entfernenden Editionen kaum noch denselben Verfasser erkennen lassen. Die eine davon charakterisirt sich zunächst als eine verkürzte, indem der überflüssige Redeschwall zum Theil beseitigt ist, dann aber auch als eine in manchen Lesarten berichtigte und erweiterte. Ich zweifle nicht, daß diese aus der späteren Redaction eines Anderen hervorgegangen ist, und halte die erstere, trotz offenbaren Vernachlässigungen, die nicht von dem Verfasser selbst herrühren können, für übereinstimmender mit der Urschrift, als die andere[77]).

Ich lasse nun auf sich beruhen, was Boccaccio zur Einleitung und weiterhin über die Undankbarkeit der Florentiner, über die Hindernisse des Studiums, besonders die Nachtheile des Heirathens für den Gelehrten, über die verderblichen Folgen des politischen Ehrgeizes und den Unbestand der Volksgunst, Alles mit Bezug auf Dante, auch was er im Allgemeinen über den Ursprung und das Wesen der Poesie und dann zur Auslegung des mütterlichen Traumbildes unmittelbar vor der Geburt des Dichters, theils mit rednerischer Fülle, theils in geschwätziger Breite vorträgt, und ich hebe in kurzen Zügen den Bestand des Thatsächlichen hervor, der aus der Vita beider Editionen und aus dem Commento desselben Verfassers zur divina Commedia zu gewinnen ist.

Die Biographie beginnt, wie fast alle nachfolgenden, mit weit zurückgehenden sagenhaften Familien-Nachrichten, welche den Ursprung Dante's bis auf ein altrömisches Geschlecht zurückleiten und mit der Wiedererbauung von Florenz durch Karl den Großen, nachdem es von Attila zerstört worden, in Verbindung bringen; erst mit Cacciaguida betritt sie den sicheren, von dem Dichter selbst durch den einen Abschnitt des Paradiso[78]) geebneten Boden. Aus der Vita erfahren wir nur das Geburtsjahr, nämlich 1265[79]); den Geburtsmonat Mai läßt uns der Verfasser aus einer Aeußerung Dante's erkennen, die er im Commento mittheilt[80]). Dann folgen die Anzeichen frühen Genies, der Ernst des Knaben, die vorwaltende Neigung zur Poesie, das Studium der lateinischen Dichter, der Geschichte und Philosophie, sowie später der Theologie, Alles eigentlich nur zum Behufe der Dichtkunst, und die Studienreisen nach Bologna und Paris, wo der schon Gereifte durch seine

Disputir-Kunst das Staunen der Gelehrten erregte⁸¹). Die Erzählung greift hier, wie in anderen Punkten, um Verwandtes zusammenzustellen, in der Zeit vor, wie sie überhaupt chronologische Bestimmtheit vermissen läßt. Von Brunetto Latini sagt die Vita Nichts; im Commento dagegen wird seiner und seiner Schriften an betreffender Stelle gedacht, auch die Anekdote von seinem übertriebenen Notars-Ehrgefühl beigefügt, jedoch über das Verhältniß Dante's zu ihm als Lehrer durchaus nichts Weiteres gesagt, als was die Verse der Commedia enthalten⁸²). Einen Hauptabschnitt bildet dann die thränenreiche Liebesgeschichte Dante's und Beatricens; der Verfasser beruft sich gelegentlich auf die Vita nuova des Dichters, doch gehen seine Mittheilungen über diese hinaus⁸³) und lassen, zusammengehalten mit den Ergänzungen im Commento⁸⁴), keinen Zweifel an der geschichtlichen Wirklichkeit dieses Verhältnisses zu. Daran schließt sich die Ehe, die nach dem Rathe der Angehörigen eine Heilung für das leidende Gemüth sein sollte, aber unglücklich ausschlug und mit Trennung endigte⁸⁵). Die kürzere Edition fügt zuvor noch eine Bemerkung über anderweitige Liebesverhältnisse des Dichters ein; indeß scheint ihr Inhalt nur den unbestimmten eigenen Andeutungen desselben in der Commedia und in den Canzonen entnommen zu sein und so wenig Glaubwürdigkeit zu haben, als die flüchtige Notiz im Ottimo Commento⁸⁶).

Der nun folgende Abschnitt über die politische Wirksamkeit Dante's und seinen Sturz durch die Verbannung aus der Vaterstadt ist so allgemein gehalten, daß wir hier, wo wir es erwarten dürften, noch nichts Genaueres über die verschiedenen Parteien im Staat, über den Antheil des päpstlichen Hofes und Carl's von Valois an ihrem Treiben, nicht ein Wort über das Prioren-Amt unseres Dichters, aus welchem für ihn alles Unheil erwuchs, überhaupt keine bestimmt begränzten Thatsachen erfahren; Einiges davon wird erst später gelegentlich und wenig speziell vorgeführt. Um so beredter ergeht sich der Tadel des Biographen gegen den politischen Ehrgeiz Dante's, gegen seinen unbesieglichen Hang, sich im Staatswesen geltend zu machen, während unbefangene Betrachtung in dem Verhalten desselben nichts Anderes, als eine heiße, thatkräftige Vaterlandsliebe zu erkennen vermag⁸⁷). Aber es ist die Schwäche Boccaccio's, unedle Beweggründe vorauszusetzen. Nicht genug, daß er die späteren politischen Schritte Dante's im Exil aus dem kleinlich-eigennützigen Bestreben nach Heimkehr in die Vaterstadt herleitet, sieht er weiterhin in der Sucht nach Ruhm sogar die Triebfeder seiner dichterischen Arbeiten. So reicht die Würdigung des Charakters nirgend bis zur wahren Höhe desselben hinan.

Die Geschichte des Exils und des wechselnden Aufenthaltes bei verschiedenen Fürsten und Herren Oberitaliens gibt wichtige Fingerzeige, bedarf jedoch aus anderen Quellen noch der genaueren Bestimmung, auch selbst der Berichtigung. So ist es z. B. ein Irrthum, daß Dante's erster Gastgeber Alberto della Scala war; denn die feststehende Thatsache von dem schon 1301 erfolgten Tode desselben läßt sich nicht mit den Zeitangaben der beginnenden Wanderung des Dichters vereinigen, und es ist mit anderen Berichterstattern für Alberto als wahrscheinlicher dessen Nachfolger Bartolomeo anzunehmen. Hierauf folgen zeitweilige Anfenthalte (quando-quando) im Casentino, in Lunigiana, bei Urbino, in Bologna, in Padua, abermals in Verona, dann in Paris⁸⁸). Die Betheiligung Dante's an dem Römerzuge Heinrich's

von Luxemburg, von welchem er Rettung und Heil für Italien erwartete, wird, wie sich erkennen läßt, auf Grund des oben erwähnten Sendschreibens an den Kaiser kurz erzählt[89]); daß der Verfasser an dieses Ereigniß die sofortige Rückkehr des Dichters aus Paris knüpft, stimmt mit den übrigen inneren und äußeren Umständen am besten überein und gibt seinem Aufenthalt in Frankreich, über dessen Zeit wir sonst keine sichere Kunde haben, die geeignetste chronologische Stelle[90]). Von dem Verweilen bei Cane della Scala in Verona nach dem Tode des Kaisers erwähnt Boccaccio nichts, obwol er später von dem vertrauensvollen Verhältnisse zu demselben ein Beispiel anführt; man muß sich diese Thatsache in der vorangehenden flüchtigen Versicherung einer wiederholten Rückkehr an den Ort enthalten denken[91]). Umständlicher ist der Bericht von den letzten Lebensjahren, dem Aufenthalt in Ravenna bei Guido Novello da Polenta und dem Tode und der Bestattung des Dichters im Jahre 1321[92]). Das Alter desselben gibt das Commento genauer als die Vita auf volle sechs und funfzig Jahre an; als Datum des Todes nennen beide übereinstimmend den 14. September, den Tag der Kreuzeserhöhung Christi[93]). In dem Texte der lateinischen Grabschrift, welche der Fürst dem Dichter setzen ließ, weichen die verschiedenen Editionen der Vita merklich von einander ab, indem die einen die sieben Distichen des Giovanni del Virgilio aus Bologna richtig folgen lassen, die anderen dagegen nur 13 Hexameter, wovon die letzten sechs gereimt sind und deren Inhalt ein ganz anderer; übrigens beginnen beide mit demselben Hexameter:
„Theologus Dantes nullius dogmatis expers"[94].)
Jene Distichen bildeten, wie Manetti im 15. Jahrhundert berichtet, das ursprüngliche Epitaphium und wurden später bei einer Renovation des Monumentes durch die sechs gereimten Hexameter ersetzt, die noch heut an der Vorderseite desselben zu lesen sind[95]).

Hierauf folgt die reichhaltige Schilderung der Persönlichkeit[96]) und der hervorstechenden Charakter-Eigenschaften des Dichters, und erscheint darin auch Manches übertrieben, so tritt Einem doch in kräftig markirten Zügen das männlich schöne, strenge und erhabene Bild des Unvergleichlichen, vollkommen harmonirend mit dem Geiste der göttlichen Komödie, daraus entgegen. Hier finden wir das Geschichtchen von den Frauen in Verona, wie sie sich über das an die Unterwelt gemahnende Aussehen des Sängers der Hölle unterhalten; hier das andere als Beweis seines Eifers im Studiren, wie er einst in Siena über dem Lesen einer Schrift nicht das Mindeste von einem lärmenden Festspiel in seiner unmittelbaren Nähe gewahr wird; hier ebenso den fehlgeschlagenen Versuch der Freunde in Florenz, dem verbannten Dichter die Heimkehr möglich zu machen, doch mit etwas veränderten Umständen, als der oben erwähnte, von gerechtem Stolz dictirte Brief desselben erkennen läßt[97]); hier auch die selbstbewußte Aeußerung Dante's vor seiner Gesandtschaftsreise nach Rom: „Wenn ich gehe, wer bleibt zurück, und wenn ich zurückbleibe, wer soll gehen?"[98]) Diese Aeußerung ist es, welche dem Verfasser endlich Veranlassung gibt, einige Auskunft über die politischen Verhältnisse in Florenz, über die Parteien und über Dante's Wirksamkeit im Priorat und über seine Wendung vom Guelfen- zum Ghibellinenthum zu ertheilen[99]). Einiges Nähere über den Ursprung der Parteiung aus Pistoja, über den Charakter der Bianchi und Neri und ihre Häupter, sowie über den Ausbruch der Feindseligkeiten am 1. Mai des Jahres 1300, fügt noch das

Commento an betreffender Stelle hinzu[100]). Wenn die Vita den ghibellinischen Eifer des Verbannten als so leidenschaftlich darstellt, daß er nach Frauen und Kindern mit Steinen geworfen, sobald er sie übel von seiner Partei sprechen hörte, so wird das kein Verständiger glauben und das Erröthen Boccaccio's bei dieser Mittheilung mag für verschwendet erachtet werden; denn wir kennen die Haltung Dante's beiden Genossenschaften gegenüber aus seinen eigenen Bekenntnissen zu genau, als daß wir ihn so niedriger Uebereilungen fähig halten sollten. Ist an dem Vorfall etwas Wahres, so hat sich derselbe gewiß merklich anders zugetragen. Aehnlich verhält es sich wol meistens mit solchen Anekdoten[101]); sie beruhen auf einem Minimum des Wahren und sind erst durch geschwätziges Weitererzählen zu dem geworden, was sie vorstellen möchten.

Der letzte größere Abschnitt behandelt die Schriften Dante's. Von dem Jugendwerke, der Vita nuova, wird versichert, daß der Dichter sich später desselben geschämt habe, was durch seine eigenen Worte im Convito widerlegt wird[102]). Schon daraus und aus dem Wenigen, was Boccaccio weiterhin von dem Convito sagt, scheint hervorzugehen, daß er diese Schrift nur ungenau gekannt haben kann[103]). Nicht ohne geschichtliches Interesse sind die Bemerkungen von der langen Verborgenheit und dem plötzlichen Wiederauftauchen des Buches de Monarchia zur Zeit Ludwig's des Baiern und des von ihm eingesetzten Afterpapstes, die sich desselben als Stütze ihrer Autorität bedienten, weshalb es nachher von dem Legaten Johann's XXII. zum Scheiterhaufen verurtheilt wurde[104]). Dann spricht Boccaccio von vielen lateinisch geschriebenen Briefen, die noch vorhanden seien, ohne einen und den anderen zu bezeichnen; es wird erwähnt werden, wie spätere Biographen ihr Augenmerk darauf richteten, diese Briefe benützten und verschiedene davon besonders hervorhoben.

Von der Commedia handelt Boccaccio viel vollständiger, geht auch auf den Geist und die Grundideeen derselben ein; man sieht, wie sehr dieses Werk ihm am Herzen lag und wie hoch er seine Bedeutung schätzte. Die Abfassung im volksthümlichen Reime vertheidigt er, gegen die pedantischen Verehrer des lateinischen Hexameters, mit dem unumwundenen Bekenntnisse, die neue einheimische Versart sei von Dante mit einer Kunst und Harmonie gehandhabt worden, daß Niemand etwas dagegen einzuwenden vermöge[105]). Es gewährt einen seltsamen Einblick in die Bildungssphäre der damaligen vornehmen Welt, wenn uns der Verfasser unter den Beweggründen, die den Dichter für die Wahl der volksthümlichen Sprach- und Versform entschieden, auch diesen angibt, daß die lateinische Sprache und Dichtung völlig in Vergessenheit gekommen sei und er habe befürchten müssen, lateinisch dichtend ungelesen zu bleiben. Indeß werden doch dritthalb oder drei lateinische Hexameter angeführt[106]), als Anfang eines ersten Entwurfes, den dann der Dichter aufgegeben, als er sich von der Erfolglosigkeit des Unternehmens überzeugt und es für thöricht erkannt hatte, „Brotkrusten dem Munde solcher anzubieten, die noch Milch saugen"[107]). Die Frage nun, wie weit Dante diesen ursprünglichen lateinischen Entwurf, dessen erste Verse allerdings nicht das Mindeste mit dem Anfange der uns vorliegenden Commedia gemein haben, fortgeführt und zu welcher Zeit er an die Umarbeitung gegangen, hängt mit einer anderen von Boccaccio überlieferten Thatsache zusammen. Er erzählt nämlich, der Dichter habe die ersten sieben Gesänge des Inferno bei seiner Verbannung aus Florenz mit anderen Papieren und Sachen zurückgelassen; in Kisten verpackt sei Alles zusammen an einem sicheren Orte verwahrt geblieben, bis nach längerer Zeit — das Commento sagt: nach mehr als fünf Jahren — die gelegentliche Durchsicht der Papiere zur Entdeckung der Handschrift führte und diese von einem kundigen Litteraten, dem damals rühmlichst bekannten Dichter Dino di Messer Lambertuccio Frescobaldi, an den Fürsten Moroello Malaspina in Lunigiana, bei welchem sich damals der Dichter aufhielt, mit der dringenden Mahnung, die Fortsetzung des Werkes zu veranlassen, geschickt wurde; Dante habe das für eine göttliche Fügung erachtet und den längst aufgegebenen Faden der Dichtung wieder angesponnen. Diese Unterbrechung, fügt Boccaccio hinzu, könne auch Jeder an den Anfangsworten des 8. Gesanges „Io dico seguitando" wahrnehmen. Im Commento kommt der Verfasser noch vollständiger auf den Vorfall zurück, mit Erwähnung einer Menge interessanter Nebenumstände, die unsere Kenntniß von den Familienverhältnissen des Dichters bereichern und um so glaubwürdiger erscheinen, als Boccaccio ganz aufrichtig gewisse Zweifel äußert[108]). Er hörte die Geschichte von Zweien erzählen, im Kerne übereinstimmend, nur mit der Modification, daß jeder von beiden, der Eine war Andrea, der Neffe Dante's, der Andere Ser Dino Perini (Perlini), ein Freund des Hauses, die Auffindung der Handschrift für sich in Anspruch nahm. Boccaccio weiß nicht, wem er glauben soll; aber es steigen ihm auch abgesehen davon Zweifel an der Wahrheit der ganzen Geschichte auf. Er findet nämlich in den Vorausverkündigungen des Ciacco im 6. Gesange des Inferno den Beweis, daß der Dichter schon diesen Gesang nicht mehr vor seiner Verbannung habe schreiben können, da er doch kein Prophet gewesen sei; auch in den noch folgenden Bemerkungen geht er kritisirend zu Werke und zeigt hier überhaupt eine reifere und vorsichtigere Haltung, als zwanzig Jahre früher bei Abfassung der Vita. Die Geschichte aber gibt er trotzdem nicht auf, sondern überläßt es dem Leser, was er glauben wolle. Prüfen wir nun selbst, so ist allernächst der Einwand gegen Boccaccio's Zweifel zu erheben, daß ja der Dichter, eben bei der Wiederaufnahme des Werkes, gewisse Aenderungen auch in den ersten sieben Gesängen getroffen haben könne und wahrscheinlich habe treffen müssen, um seine Stimmung nach so einschneidenden Erfahrungen, wie er sie inzwischen gemacht, mit dem Anfange der Dichtung in Einklang zu bringen. Was die Prophezeiung des Ciacco betrifft, so bedurfte es nachträglich in der That nur der Aenderung einer einzigen Terzine[109]), um sie dem Gange des alten Textes einzufügen. Auch Boccaccio läßt sich das nicht entgehen, aber er findet eine andere Schwierigkeit in dem Vorhandensein von Abschriften der ersten sieben Gesänge, die man vor Zusendung des Heftes an den Dichter genommen und verbreitet. Indeß weiß er davon nur durch Hörensagen und er selbst hat keine gesehen, auch nicht erfahren, wie sie sich zu dem neuen Texte verhalten. Es bleibt also der Einwand gegen Boccaccio's Zweifel bestehen. Auch einer der ältesten Commentatoren, Francesco da Buti, obwol er selbst nichts von dieser Unterbrechung und Wiederaufnahme erwähnt, unterstützt doch die Wahrscheinlichkeit von nachträglichen Aenderungen durch die gelegentliche Bemerkung, der Dichter habe im Laufe der Zeit zugefügt und gestrichen, je nachdem bis zum Abschlusse des Werkes die Dinge sich zutrugen[110]). Nun bleibt noch die Frage, ob etwa jene ursprüngliche lateinische Abfassung, deren erste Verse so wenig mit dem bekannten Anfange der Commedia übereinstimmen, sich gerade auf die in Rede stehenden sieben Gesänge erstreckt habe und demnach die Wiederaufnahme der Dichtung mit dem Entschlusse, dieselbe in der Volkssprache durchzuführen, zusammenfalle. Dieser Vermuthung stünde vielleicht nichts weiter entgegen, als das „Io dico seguitando" zu Anfang des 8. Gesanges, das ja Boccaccio als das Merkmal der Zusammenschweißung beider Theile angibt und das wol auf eine italienische Abfassung der sieben Gesänge hindeuten soll; aber erstlich ist das Merkmal überhaupt kein entscheidendes, und dann können die drei Worte ebensogut auf den Inhalt, als auf den Verbaltext bezogen werden. Demungeachtet bleibt es bei der bloßen Vermuthung, so lange nicht positive Gründe dafür sprechen. Merkwürdig, daß die von Viviani aufgefundenen Bruchstücke einer lateinischen Bearbeitung in Hexametern[111]) sich gerade nur bis in den siebenten Gesang hinein erstrecken; es war natürlich, daß man auf den Gedanken kam, die Urschrift oder eine Copie erlangt zu haben; doch läßt die ängstlich wortgetreue Uebereinstimmung mit dem italienischen Texte — auch die Prophezeiung des Ciacco im 6. Gesange ist genau wiedergegeben — keinen Zweifel daran, daß wir nichts Anderes, als einen der von Alters her wiederholt auftauchenden Uebersetzungsversuche vor uns haben[112]).

Noch problematischer erscheint, was Boccaccio von der Widmung des Inferno an den damaligen Gebieter von Pisa (allora — signore di Pisa), Uguccione della Faggiuola, bei welchem Dante ebenfalls Gastfreundschaft genoß, des Purgatorio an Marchese Morocllo Malaspina, des Paradiso an König Friedrich III. von Sicilien berichtet. Er selbst fügt hinzu, es seien auch welche, die meinen, der Dichter habe vielmehr das Ganze dem Fürsten von Verona, Cane della Scala, gewidmet; welches von beiden das Richtige sei, wagt er nicht zu entscheiden[113]). Was jene drei Widmungen betrifft, so haben die ersten beiden an und für sich nichts Unwahrscheinliches[114]); die dritte dagegen an König Friedrich von Sicilien muß man für unmöglich erklären, wenn man die harten Urtheile Dante's über diesen Fürsten im Convito, in dem Buche von der Volkssprache und im zweiten und dritten Theile der Commedia, Schriften, die nach ihrer Abfassung eine Reihe von Jahren auseinander liegen, in Erwägung zieht, und wie darnach wol kein geeigneter Zeitpunkt für eine solche Huldigung zu ersehen ist[115]). Wenn Boccaccio in einer Stelle seiner Genealogia Deorum von einem engen Freundschaftsverhältnisse zwischen dem Könige und unserem Dichter spricht[116]), von dem sonst Niemand etwas weiß, so glaube ich, gründet sich das auf nichts Anderes, als eben wieder auf diese problematische Widmung. Hätte er damals, als er die Vita schrieb, schon Kenntniß gehabt von dem Briefe Dante's an Can Grande, dessen ich im ersten Abschnitt gedachte, worin der Dichter dem Fürsten den dritten Theil seines Werkes, das Paradiso, mit bestimmten Worten zueignet, so hätte er sich gewiß besser vorgesehen. Später kannte er den Brief, wie die mehrfachen Excerpte daraus auf den ersten Seiten des Commento beweisen. Nun scheint es, als ob wir aus einem Actenstücke, das im vorigen Jahrhundert in der Laurenziana zu Florenz entdeckt worden, volle Aufklärung über die von Boccaccio benützte Quelle gewännen. Es ist der Brief des Frate Jlario, Priors des Klosters Santa Croce del Corvo in Lunigiana, an Uguccione della Fagginola[117]). Der geistliche Herr schreibt dem Fürsten[118]) von Dante's überraschender Ankunft vor dem Kloster, da er auf der Reise nach dem Auslande[119]) begriffen war. Auf die wiederholte Frage des Priors, was er suche, habe er zuletzt geantwortet: pacem! Da habe ihn Jlario bei Seite genommen und im Gespräche den großen Dichter erkannt. Hierauf überreichte ihm dieser einen Theil seines Werkes mit dem Auftrage, denselben, wenn er Lust habe, mit Anmerkungen zu versehen und so an Uguccione zu übersenden; denn es sei sein Wille, die drei Theile der Commedia den drei trefflichsten Fürsten von Italien, eben jenen oben genannten, zu widmen[120]). Und als der Prior beim Einblick in das Buch sein Erstaunen nicht bergen konnte, statt lateinischer Hexameter Verse in der Volksmundart zu finden, da sprach sich der Dichter über die Wahl des Idioms ganz mit denselben Worten aus, die Boccaccio in der Vita mittheilt, fast bis auf das drastische Bild von den Brotkrusten und dem Milchsaugen[121]); auch führte er die drittehalb Hexameter an als Probe der anfänglichen lateinischen Abfassung. Die innige Verwandtschaft dieses Briefes mit den bezüglichen Stellen der Vita ist augenfällig, und wem drängte sich nicht alsbald die Ansicht auf, daß der Verfasser der letzteren aus jenem geschöpft habe! Indeß sind wir dadurch um nichts gebessert; denn die Unwahrscheinlichkeit einer Widmung an König Friedrich von Sicilien bleibt so wie so bestehen, und abgesehen davon, da die Durchreise des Dichters nicht wol später als zu Ende des Jahres 1308 getroffen haben kann, müßte darnach nicht die Absicht einer Widmung, wenn nicht des Purgatorio, so doch des Paradiso, ein wenig allzu lange vorausbeschlossen erscheinen? Dann sollte mich's doch wundern, daß Boccaccio, der mit Vorliebe auf anekdotenhafte Charakterzüge ausging, sich hätte die köstliche Scene von dem an den Pforten des Klosterfrieden suchenden Dante[122]) entgehen lassen, wenn ihm der Brief des Bruders Jlario zur Einsicht vorlag. Und so trete ich denen bei, die an die Aechtheit dieses Briefes nicht glauben können und der Meinung sind, derselbe sei vielmehr auf geschickte Weise aus den Worten der Vita zusammengeschmiedet, wie ähnlicher Fälle bereits zahlreiche nachgewiesen sind.

Bevor ich von Boccaccio scheide, muß ich noch eines anderen die Geschichte der Commedia betreffenden Vorfalles gedenken, der ein Gegenstück zur Auffindung der sieben Gesänge bildet. Er erzählt nämlich[123]), der Dichter sei vor Veröffentlichung der letzten dreizehn Gesänge des Paradiso aus dem Leben geschieden, ohne das Vorhandensein derselben gegen irgend Jemanden erwähnt zu haben. Auch Can Grande, dem er von Zeit zu Zeit die fertig gewordenen Gesänge, bevor er sie Anderen zu lesen gab, zuzuschicken pflegte, hatte den Schluß noch nicht erhalten. Alles Nachsuchen war vergeblich; schon entschlossen sich die Söhne Dante's, Jacopo und Pietro, die sich auch mit Dichten abgaben, auf Andringen der Freunde, nach bestem Vermögen einen Schluß auszuarbeiten, als Jacopo im Traume von dem Vater zurechtgewiesen wurde und beim Erwachen die Handschrift in ihrem Verstecke auffand. Abgesehen von dem Traumbilde, das dem willigen Glauben überlassen bleiben mag, ist gegen die Thatsache selbst nichts einzuwenden. Auch die unzweifelhafte Widmung des Paradiso an Can Grande spricht nicht dagegen, da der Dichter dieselbe sehr wohl mit den ersten Gesängen dem Fürsten zuschicken und dann periodenweise, wie Boccaccio angibt, damit fortfahren konnte; die in jenem Widmungsschreiben mitenthaltene Wort- und Sinnerklärung bezieht sich auch wirklich nur auf den Anfang des Paradiso und die Fortsetzung wird versprochen. — Soviel von dem frühesten und wichtigften Biographen Dante's. Nachdem ich die äußere und innere Beschaffenheit, die Zuverlässigkeit und Unzuverlässigkeit seiner Nachrichten dargestellt und geprüft, gehe ich nun zu seinen Nachfolgern über und versuche zu zeigen, wie sie aus ihm schöpften, ihn berichtigten oder zu berichtigen vermeinten und ergänzten.

III.

Noch vor Boccaccio schrieb der berühmte florentinische Chronist Giovanni Villani[124]) bei Gelegenheit, wo er in seiner Chronik[125]) den Tod des Dichters zu berichten hat, einen kurzen, doch beachtenswerthen Abschnitt über das Leben und die Schriften desselben[126]). Ein merkwürdiges Zusammentreffen, daß auf der Gränzscheide beider Jahrhunderte, im Jahre 1300, in welches Dante seine über- und unterirdische Vision verlegt, auch Villani während seiner Anwesenheit beim Jubiläum in Rom, angeregt durch die großen Erinnerungen der Vergangenheit, den Entschluß faßte, die Geschichte seiner Vaterstadt zu schreiben[127]). Und es ist bei den eng zusammengedrängten Verhältnissen eines Gemeinwesens, wie Florenz, wol nicht zu bezweifeln, obwol wir kein bestimmtes Zeugniß dafür haben, daß beide hervorragende Männer in persönliche Berührung mit einander gekommen sind, daß also Villani über den Dichter genügend unterrichtet sein konnte. Um so mehr fällt gleich zu Anfang des betreffenden Capitels die Angabe des Juli als des Monats, in welchem Dante gestorben sei, auf; sie beruht unzweifelhaft auf einem Irrthume, da die übereinstimmenden Aussagen aller übrigen Berichterstatter, insbesondere auch die der Grabschriften, für den 14. September entscheiden. In diesem Falle verräth schon die fehlende Tagesangabe den Mangel an sicherer Kunde[128]). Bezüglich der Ansässigkeit des Dichters in Florenz erfahren wir von Villani, daß derselbe am Thore San Piero gewohnt und sein Nachbar gewesen sei. Bologna und Paris werden, wie von Boccaccio, als Studienaufenthalte genannt, doch hinzugefügt, er sei auch noch in andere Länder mehr gekommen[129]). Dürfen wir dieser Angabe, so allgemein sie ist, irgend trauen, so würde der von Einigen erwähnte Aufenthalt in England um etwas wahrscheinlicher. In Betreff der Schriften des Dichters finden wir den Chronisten genau unterrichtet, über das Convito, obwol er diese Titelbezeichnung nicht angibt, unterrichteter als Boccaccio. Bei aller Anerkennung des hohen Werthes und der schriftstellerischen Bedeutung Dante's kann er doch schließlich nicht verschweigen, daß dieser wegen seines Wissens ein wenig anmaßend, eigenwillig und stolz gewesen sei und sich mit Laien nicht gut zu befassen gewußt habe[130]), ein Urtheil, das im Allgemeinen mit der Charakterschilderung bei Boccaccio übereinkommt. Uebrigens scheint dieser das Capitel in Villani's Chronik entweder nicht gekannt oder nicht berücksichtigt zu haben.

Der Neffe des Vorigen, Filippo Villani, der Fortsetzer der florentinischen Chronik des Oheims und des Vaters Matteo, wurde, wie zuvor Boccaccio, von der Regierung von Florenz in den ersten Jahren des 15. Jahrhunderts mit der öffentlichen Erklärung der Commedia beauftragt. Die Abfassung des daraus erwachsenden Commentars führte ihn dazu, das Leben des Dichters zu schreiben, und dies wurde für ihn die Veranlassung zu einer ganzen Sammlung von Biographieen vaterländischer Berühmtheiten auf dem Gebiete der Kunst und Litteratur[131]). Man fand diese Sammlung zuerst nur lückenhaft, nämlich ohne die Lebensbeschreibungen Dante's und Petrarca's, in italienischer Uebersetzung vor und veröffentlichte sie in dieser Gestalt im Jahre 1747[132]). Nachher kamen auch die beiden fehlenden Stücke zum Vorschein, und zwar in der ursprünglichen lateinischen Abfassung als inhärirende Theile des Werkes „Philippi Villani Solitarii de origine civitatis Florentinae et de ejusdem famosis civibus". Davon wurden im Jahre 1826 nur die drei Biographieen Dante's, Petrarca's und Boccaccio's durch den Druck bekannt[133]). Was die erstere betrifft, so gründet sie sich im Thatsächlichen fast durchgehends auf die Vita von Boccaccio; doch unterscheidet sie sich von dieser durch eine strengere Zusammenfassung des Materials, durch eine eigene, ernst gehaltene Betrachtungsart und demgemäß auch durch eine würdigere Charakteristik. Worin Boccaccio den Beweis von Ehrgeiz und Parteileidenschaft sieht, das faßt Villani als den gerechten Eifer für den Ruhm und die Hebung des Vaterlandes auf[134]), und nachdem er die Vertreibung Dante's berichtet, fügt er bei, daß denselben nicht der Verlust des Eigenthums und der Würden, nicht das Elend des Exils zu beugen vermochten, wohl aber die Zerrüttung des heimischen Gemeinwesens mit tiefer Trauer erfüllte; während Jener die spätere Handlungsweise des Dichters lediglich von dem Streben nach Heimkehr in's Vaterland herleitet, versichert dieser vielmehr, sein edler Geist habe auch von der Fremde aus unablässig für die Reform des florentinischen Staates zu wirken gesucht. Das Alles ist Sache der Auffassung und Villani konnte es aus dem von seinem Vorgänger überlieferten Stoffe schöpfen; aber er hat diesen selbst auch durch manche Einzelnheiten bereichert, die Beachtung verdienen, da wir in seiner Darstellungsweise den besonnenen Betrachter erkennen und ihm von Vater und Oheim her ursprüngliche Quellen zu Gebote stehen mochten.

Es erscheint der Natur Dante's ganz gemäß, was der Biograph erzählt, daß er als Knabe von ungewöhnlichem Ernste sich gegen die Zärtlichkeiten der Mutter gesträubt habe, ebenso daß er später für seine Person eine verfeinerte Lebensweise geringschätzte und sich mit gröberen Nahrungsmitteln begnügte, wobei indeß weniger klar wird, worauf der Erzähler anspielt, wenn er damit im Zusammenhange bemerkt, Dante habe trotzdem eine verfeinerte Lebensweise zu preisen gewußt[135]). Die stolze Unbeugsamkeit gibt auch Villani an ihm zu, und indem er die bekannte Aeußerung vor seiner Gesandtschaftsreise nach Rom getreu nach Boccaccio aufnimmt, sucht er doch, was dieser nur andeutet, bestimmt nachzuweisen, wie nicht blos im Allgemeinen von der politischen Stellung Dante's, sondern zunächst gerade von dieser die Mitbürger verletzenden Aeußerung sein Sturz veranlaßt worden sei, — freilich nur eine Vermuthung, die mehr auf subjectiven, als objectiven Gründen beruhen mag. Das Liebesverhältniß zu Beatricen wird viel kürzer und nicht so schwärmerisch wie von Boccaccio behandelt, dagegen mit besonderem Nachdruck auf die daraus entsprungenen Canzonen und Sonette, besonders die in die Vita nuova verwebten, und auf die darin herrschende Feinheit, Anmuth und wunderbare allegorische Mystik aufmerksam gemacht. Auch die Commedia ihrer didactischen Richtung nach ist trefflich charakterisirt: in hundert Gesängen von wunderbar gedrängter, doch völlig durchsichtiger Abfassung enthalte sie Alles, was zur Regel eines guten und glückseligen Lebens und zur Herstellung eines besseren Weltzustandes gehöre, so daß man das Werk nicht unpassend einen Spiegel des glücklichen Lebens nennen könne, in welchem

2

der Seher alle Dinge offenbare. Entgegen Boccaccio, der den Beginn dieses Werkes in das Jahr 1300 setzt, macht Villani mit Entschiedenheit geltend, daß der Dichter bald nach dem Tode der Geliebten an die Abfassung gegangen sei, also im Ganzen über dreißig Jahre daran gearbeitet habe. Wahrscheinlich gründet sich diese Annahme nur auf die bekannten Schlußworte der Vita nuova, worin Dante unverkennbar den Entschluß einer solchen Schöpfung kundgibt. Meint Villani die Erfassung und geistige Weiterpflege der Grundidee, so läßt sich nichts dagegen einwenden[136]); anders aber verhält es sich mit der schriftstellerischen Formgebung. Diese kann unmöglich vor dem Jahre 1300 stattgefunden haben, nämlich wie die Commedia uns gegenwärtig vorliegt; denn eben dieses Jahr hält ja der Dichter consequent durch das ganze Werk als die Gränzscheide des bereits Geschehenen und des Zukünftigen fest. Allerdings nimmt auch Villani, wie Boccaccio, eine vorausgegangene lateinische Abfassung im heroischen Versmaße an, und da diese, nach den uns überlieferten drei ersten Versen zu schließen, einen ziemlich abweichenden Inhalt gehabt haben mag, so ließe sich dafür auch ein früheres Ursprungsjahr annehmen; aber wir wissen von alledem nichts Sicheres, müssen deshalb dabei stehen bleiben, daß der Dichter den Anfang seines Werkes, wie wir es in Händen haben, nicht vor dem Jahre 1300 geschrieben haben kann. Auch die beiden Auffindungsgeschichten bezüglich der ersten und der letzten Gesänge der Commedia, die bei Boccaccio eine so große Rolle spielen, hat Villani, doch jene wie diese mit etwas veränderten Umständen, aus denen sich auf noch andere Quellen neben Boccaccio schließen läßt[137]). Bemerkenswerth ist in Betreff der Auffindung der sieben ersten Gesänge, daß der Autor zugleich versichert, es seien ungefähr sieben Capitel gewesen, die der Dichter zuerst in lateinischen Hexametern geschrieben habe; denn hierin fände die oben ausgesprochene Hypothese, daß vielleicht die Wiederaufnahme der Dichtung im Exil mit dem Entschlusse, sie in der Volkssprache abzufassen, in Eins zusammengefallen, eine Bestätigung, wofern nicht etwa Villani seine Angabe auch nur vermuthungsweise aus den sich darbietenden Umständen gezogen hat.

In einem anderen Punkte widerspricht er ausdrücklich dem Berichte des Boccaccio, obwol er sich nicht gegen diesen persönlich zu wenden scheint. Abgesehen nämlich von geringfügigeren Besonderheiten der Abstammungsgeschichte Dante's[138]) behauptet er auch, die Gattin des Urältervaters Cacciaguida, von welcher ihn der Dichter im 15. Gesange des Paradiso aussagen läßt, daß sie ihm aus dem Thale des Po zugekommen, stamme nicht aus Ferrara, wie ein Neuerer aus Schmeichelei gegen das Fürstenhaus Este aufgestellt habe, sondern von dem edlen Geschlechte der Abigueri (nach anderer Lesart Allegherii) aus Parma, das ebenso gut wie Ferrara im Thale des Po gelegen sei. Unter jenem „Modernus" aber möchte man geneigt sein, den Commentator Benvenuto Rambaldi zu verstehen, der sein Werk über Dante's Commedia dem Fürsten von Ferrara mit einer lobpreisenden Einleitung widmete, wenn nicht der Autor eine Bestimmung hinzufügte, die Zweifel dagegen erregen muß[139]). Aber außer Boccaccio und Benvenuto bringt ja schon der Anonymus in dem Ottimo Commento diese Nachricht von der Abstammung der Urältermutter Dante's aus Ferrara[140]), und da Villani keine anderen Gründe für sich hat, als daß sich von Parma dasselbe sagen lasse, wie von Ferrara, nämlich daß es im Val di Pado liege und ein Zweig der Familie Allighieri darin wohne, so verdient wol die ältere Meinung den Vorzug. Endlich ist noch einer besonderen Bereicherung des biographischen Stoffes zu gedenken, die wir zwar als kurze Notiz schon in der Chronik des Oheims finden, in gewisser Ausführlichkeit jedoch erst bei Filippo Villani. Er gibt nämlich als die Ursache der letzten Erkrankung Dante's und seines Todes die Gesandtschaftsreise nach Venedig an. Dort sollte er durch seine Beredsamkeit den Senat, der dem Fürsten von Ravenna Krieg angekündigt, versöhnen; dieser aber ließ ihn aus Furcht vor seinem Einflusse gar nicht einmal vor, ja schlug ihm sogar die Rückfahrt zur See ab, ebenfalls aus Mißtrauen, so daß der Dichter, der schon von der beschwerlichen Hinreise viel gelitten, von Fiebern heimgesucht wenige Tage nach seinem Wiedereintreffen in Ravenna verschied[141]). So vereinzelt der Bericht von dieser letzten Gesandtschaftsreise dasteht, so hat er doch in den beiden Villani treffliche Gewährsmänner und es ist auch bis jetzt nichts Entscheidendes dagegen eingewendet worden. Die Vita des Filippo Villani im Ganzen anlangend, finde ich, daß sie von den späteren Biographen fast ganz übersehen worden; nur Manetti nimmt auf sie Rücksicht, obschon in wenig freundlicher Weise.

Wie Filippo Villani, so gehörte auch Leonardo Bruni aus Arezzo dem Kreise jener florentinischen Gelehrten im 15. Jahrhundert an, welche, entgegen den eitlen Verächtern der volksthümlichen Sprache und Dichtung, patriotisch genug waren, bei all ihrem Enthusiasmus für die Griechen und Römer doch das Andenken der drei großen Begründer der italienischen Litteratur, Dante's, Petrarca's und Boccaccio's, hochzuhalten, ihre Schriften öffentlich zu erklären, sie in Festreden zu feiern und ihre Lebensentwicklung der Mit- und Nachwelt in gut geschriebenen Biographieen bekannt zu machen. Auch die weiterhin zu erwähnenden Manetti und Filelfo theilten auf solche Weise, ihr litterarisches Interesse zwischen dem Vaterländischen und der Antike. Alle diese konnten sich nicht verhehlen, wenn sie es auch nicht mit Bestimmtheit aussprachen, daß in Dante's Dichtungen ein frischeres, zukunftreicheres Leben pulsire, als in ihren eigenen affectirten Nachbildungen der Alten. Unter ihnen verdanken wir besonders dem Leonardo Bruni eine durch Neuheit des Inhaltes bedeutende italienisch geschriebene Vita unseres Dichters[142]). Als Staatssecretär der Republik Florenz war er ganz in der Lage, Einsicht in die politische Wirksamkeit Dante's vor der Verbannung und in die Ursachen dieser letzteren zu erlangen und auf diese Weise die so merkliche Lücke in der Vita von Boccaccio auszufüllen; auch tragen die von ihm mitgetheilten Nachrichten schon in Form und Fassung das Gepräge der Zuverlässigkeit, so daß seine Biographie neben der von Boccaccio als die bedeutendste dieser Art von Quellen zur Lebensgeschichte Dante's anzuerkennen ist. Leonardo Bruni selbst bezeichnet in der Vorrede seinen Standpunkt gegenüber Boccaccio auf folgende Weise. Zur Erholung von einem langwierigen Werke, entweder ist seine florentinische oder die Zeitgeschichte, beide lateinisch, gemeint, habe es ihn verlangt, wieder einmal etwas in der Volkssprache zu lesen. Er ergriff die Lebensgeschichte Dante's von Boccaccio, und obwol er dieselbe schon früher sehr aufmerksam gelesen, so fiel es ihm doch jetzt erst bei wiederholter Prüfung auf, daß der Verfasser sie nicht anders geschrieben, wie seinen Filocolo oder die Fiametta; so voll Liebe, Seufzer und Thränen sei die Darstellung, als ob der Mensch in diese Welt geboren würde, nur um sich

2*

in den zehn Liebestagen des Decamerone wiederzufinden. Die wichtigsten Dinge aus dem Leben Dante's seien deshalb verschwiegen und dagegen die unbedeutenden vorgebracht; diesen Mangel nun wolle er durch seine Erzählung ersetzen, ohne jedoch dadurch dem Boccaccio etwas zu vergeben[143]). Diese letzte Bemerkung ist nicht unwichtig; denn sie beweist, daß Bruni den Bericht Boccacio's zwar vervollständigen, aber die Wahrheit desselben nicht anzweifeln will. Sehen wir, worin diese Vervollständigung besteht.

Was zunächst die Abstammungsgeschichte des Dichters betrifft, so ist der Verfasser vorsichtig genug, nicht über Cacciaguida zurückzugehen, und was er von diesem, dessen Brüdern, Frau und Sohn mittheilt, hat er unmittelbar von Dante selbst aus dem 15. Gesange des Paradiso; wenn er jedoch bemerkt, er halte die mehrfache Andeutung desselben, daß seine Voreltern von jenen Römern, welche Florenz gegründet, abstammen, für unbegründet, so beruht dies insofern auf einem Irrthume, als nirgend der Dichter selbst, wol aber Boccaccio jene Andeutung gibt. Neu ist die genaue Angabe der Stadtquartiere der beiden Familien, von denen Dante abstammt, der älteren Elisei und der jüngeren Aldighieri (Allighieri); schwer aber ist es, sich darnach auf den gegenwärtig zu Gebote stehenden Plänen von Florenz zurechtzufinden[144]). Im Gegensatze zu Boccaccio, der den Knaben und Jüngling Dante theils zum lernenden Stubensitzer, theils zum verliebten Weichlinge macht, hebt Bruni mit Nachdruck hervor, daß der Knabe eifrig den Umgang mit Altersgenossen gepflegt und sich allen jugendlichen Uebungen hingegeben[145]), daß er dann auch als Jüngling edle Unterhaltungen geliebt und trotz ernsten Studien den Geist frei gehalten für gesellige Heiterkeit. Auch die frühzeitige Ehe mit Gemma Donati habe seinem Geiste nicht die Gefahren gebracht, die Boccaccio mit so abschreckenden Farben ausmale, indem die Ehe vielmehr als die nothwendige Grundlage des bürgerlichen Lebens zu betrachten sei. Des Verhältnisses zu Beatricen gedenkt der Verfasser nicht ausdrücklich[146]), obwol er späterhin die Vita nuova als Beweis dafür anführt, daß der Dichter in seiner Jugend die Leidenschaft verliebter Jünglinge, nicht aus sinnlicher Begierde, sondern aus Anmuth des Herzens, getheilt habe[147]). Bei genauerer Erwägung erscheinen alle diese, die Charakterschilderung bei Boccaccio berichtigenden oder ergänzenden Züge mehr aus dem sich unmittelbar aufdrängenden Gesammtbilde des Dichters gefolgert, als aus neu überkommenen Nachrichten geschöpft. Anders verhält es sich mit der Schilderung der kriegerischen Thätigkeit des Jünglings. Was der Verfasser so speciell und anschaulich von der Theilnahme desselben an der Schlacht bei Campaldino im Jahre 1289[148]) erzählt, das entnahm er ohne Zweifel einem Briefe Dante's, worin dieser, wie Bruni erwähnt, genau über die Umstände des Gefechtes berichtet. Es ist wol derselbe Brief, den er zehn Jahre nach der Schlacht schrieb und worin er zugleich von seinem Priorate und den traurigen Folgen desselben spricht; wenigstens läßt die Art, wie der Biograph sich in beiden Fällen auf einen Brief Dante's beruft, die Identität vermuthen[149]). Leider ist dieses wichtige Schreiben bis jetzt nicht wieder aufgefunden worden.

Die verhängnißvolle Epoche des Priorates ist es nun hauptsächlich, worüber Bruni in seiner Vita die erste authentische und vollständige Nachricht gibt. Der Verfasser selbst bemerkt, gegenüber Boccaccio, der hier so wenig zu berichten weiß, daß er schon durch die Vorarbeiten für seine florentinische Geschichte mehr Kenntniß davon, als dieser, habe erlangen können[150]).

Was das Thatsächliche im Allgemeinen anlangt, so findet es sich der Hauptsache nach schon in Giovanni Villani's Chronik[151], doch nicht ohne Verschiedenheiten, so daß sie unmöglich die ausschließliche Quelle für Bruni gewesen sein kann; in dem einen Punkte ist letzterer, in dem anderen Villani etwas vollständiger. Es kommt hier nicht darauf an, inwiefern Villani und Dino Compagni, die beide persönlich an den Ereignissen jener Tage betheiligt waren[152], in ihren Berichten von einander abweichen, da Bruni eigentlich nur diejenigen Thatsachen hervorhebt, welche unmittelbare Beziehung auf das Schicksal Dante's hatten, während die beiden Chronisten nicht mit einem Worte der eingreifenden Wirksamkeit desselben während seines Priorates gedenken; nur in der Zahl der Verbannten finden wir seinen Namen bei Dino Compagni mit angeführt[153]. Zu jenen Thatsachen aber gehört besonders die geheime Berathung der Schwarzen in der St. Trinitatiskirche. Ueber das Datum derselben erfahren wir von Villani und Dino Compagni nichts Genaueres[154], ja die bei beiden auffallend verschiedene Reihenfolge der übrigen Ereignisse kurz vor- und nachher läßt kaum mit Bestimmtheit erkennen, daß diese Zusammenkunft im Jahre 1300 stattgefunden. Von dem Gegenstande der Berathung weiß oder sagt wenigstens Villani mehr als Dino Compagni; während nach dem Berichte von Jenem die Partei beschloß, den Papst um Entsendung eines französischen Prinzen zur Unterdrückung der Gegenpartei anzugehen, was sie auch glücklich durchführte, schweigt der Andere von diesem Vorhaben ganz und deutet nur die Absicht der entschiedensten Redner an, die Gegner aus der Stadt zu entfernen, zugleich aber auch, daß sie von den Gemäßigten überstimmt wurden. Der Chronist war selbst bei der Zusammenkunft gegenwärtig, sprach zum Frieden und zur Eintracht, wie er uns versichert, begab sich auch mit Anderen zu den Prioren, um sie über den Vorfall zu beruhigen. Es wird Niemanden wundern, daß der Berichterstatter, in diesem Falle selbst betheiligt, nicht offen mit der Sprache herausgeht; der Erfolg aber spricht für die Wahrheit der Erzählung Villani's. Auch der spätere Macchiavelli[155] vertraut diesem mehr und folgt in der Anordnung der Begebenheiten, wie auch im Thatsächlichen, so ausschließlich der Chronik des Villani, daß von Benützung des Dino Compagni nichts zu bemerken ist. Leonardo Bruni nun, der, wie oben erwähnt, im Allgemeinen mit Villani übereinstimmt, ergänzt das aus der Chronik von diesem Bekannte durch die bedeutende Mittheilung, daß die eigentliche Triebfeder des strengen Verfahrens der Prioren gegen die Verschwörer der St. Trinitatiskirche Dante gewesen, der gerade damals mit im Priorate war, daß auf seinen Betrieb das Volk bewaffnet und die Verbannung über die Häupter beider Parteien verhängt wurde und daß dieses Auftreten ihm viele Feindschaft und bald darauf den Sturz zugezogen habe. Bruni bezieht sich dabei mehrfach auf einen Brief Dante's, wahrscheinlich auf jenen, von dem oben die Rede war, und es scheint, als ob dieses verloren gegangene Schreiben die Hauptquelle gewesen, aus der der Erzähler seine Mittheilung schöpfte.

Auch was Bruni in Betreff der verleumderischen Anzeige des französischen Barones Piero Ferranti von einem Plane der Weißen gegen Carl von Valois, welche die Verweisung der Häupter derselben zur Folge hatte, berichtet, stimmt besser mit Villani als mit Dino Compagni[156] überein, hauptsächlich darin, daß, während der letztere sich bezüglich der Wahrheit oder Unwahrheit jenes Anschlages mit einem „si disse" begnügt, die beiden ersteren die bestimmte Ueberzeugung von der Unächtheit der Urkunde, welche

Gegenstand der Anklage wurde, aussprechen; Bruni bemerkt ausdrücklich, er habe das Actenstück in dem Archive des Palastes eingesehen und für falsch erkannt. Villani und Dio Compagni stellen das Verbannungsdecret gegen die Weißen in den April des Jahres 1302, der erstere gibt noch genau den 4. dieses Monats an[157]). Dino zählt die Namen sämmtlicher Verbannten auf und darunter befindet sich auch Dante. Faßt man damit zusammen, wie Bruni die Verurtheilung Dante's erzählt, daß er sich nämlich zur Zeit der lügnerischen Anklage gegen die Weißen und ihrer Verbannung als Gesandter in Rom befand, daß aus Haß gegen ihn sein Eigenthum verwüstet und er sammt Palmieri Altoviti, einem für diesen Fall erst geschaffenen Gesetze gemäß, von dem Podestà der Stadt zur Rechtfertigung seiner Handlungen im Priorate vorgeladen und, da er nicht erschien, ebenfalls zur Verbannung verurtheilt und sein Eigenthum eingezogen wurde, so könnte es bei dem Mangel einer genauen Zeitangabe scheinen, als ob diese Verurtheilung identisch sei mit der der ganzen Partei im April 1302. Daß dies jedoch nicht der Fall, ersehen wir aus dem uns aufbehaltenen Wortlaute und Datum des ursprünglichen Decretes, das gegen Dante und drei Genossen, worunter jener Altoviti, bereits unterm 27. Januar d. J. erlassen wurde[158]). Darin findet sich die Anklage, daß sie sich im Priorate der Ankunft Carl's von Valois widersetzt, sich auch Veruntreuung von Staatsgeldern und Bestechlichkeit hätten zu Schulden kommen lassen; zugleich die Vorladung, sich persönlich zu verantworten. Ein zweites Decret vom 10. März[159]) bezieht sich auf diese von den Angeklagten unbeachtet gelassene Vorladung und enthält die nun erfolgte Verurtheilung gegen die vier, zugleich aber gegen elf Andere, und gibt als gemeinschaftlichen Anklagegrund Veruntreuungen an. Die Verurtheilung aller dieser, wie auch Dante's, ging also jener vom April, deren Original-Abfassung uns nicht vorliegt, voran und hat mit der Anklage des Piero Ferranti noch nichts zu schaffen; aus dem zahlreichen Verzeichnisse, welches Dino von den Verbannten des Aprils gibt und worin sich abermals Dante befindet, mit dem Zusatze „che era ambasciatore a Roma", ersieht man indeß deutlich, wie die Partei die Gelegenheit benützte, mehr und mehr feindliche Elemente zusammenzuraffen und mit Einem Wurfe unschädlich zu machen. Ein Punkt hat gegen die Glaubwürdigkeit der Darstellung des Bruni Zweifel erregt; es ist die Angabe der beiden Mitprioren Dante's Palmieri degli Altoviti und Neri di Messer Jacopo degli Alberti, von denen ersterer nach der Erzählung Bruni's auch mitverurtheilt wurde. Cesare Balbo[160]) vermißt nämlich diese beiden in dem angeblich authentischen Prioren-Verzeichnisse des Marchionne Stefani. Aber dieser Einwand ist zur Hälfte ungenau; denn Jacopo degli Alberti — nicht Abbati, wie Balbo schreibt — fehlt in dem Verzeichnisse[161]) keinesweges. Und was Palmieri degli Altoviti betrifft, so steht er zwar nicht in diesem Verzeichnisse, wohl aber führt ihn Dino Compagni ausdrücklich als Prioren zur Zeit der Trinitatisverschwörung an[162]), und außerdem wird er, wie bereits erwähnt, in dem Decrete vom 27. Januar mit Dante unter den Vieren genannt, die wegen ihrer Handlungen im Priorate zur Untersuchung gezogen wurden. Die beiden Anderen finden sich allerdings nicht in dem Priorista des Marchionne Stefani, aber diese Umstände zusammengenommen scheinen mir gerade geeignet, die Authenticität des Priorista verdächtig zu machen[163]) und dagegen die der Bruni'schen Angaben zu bekräftigen.

Von den ersten Schritten Dante's und der Partei nach ihrer Verurtheilung berichtet der Biograph folgendes, seinen Vorgängern Unbekannte. Als Dante am päpstlichen Hofe, wo er die Geneigtheit seiner Mitbürger zur Eintracht und zum Frieden versprechen sollte [164]), das über ihn verhängte Schicksal erfahren, verließ er alsbald Rom und begab sich nach Siena, berieth sich mit den Ausgewiesenen zu Gorgonza, dann zu Arezzo, wo sie ein Lager bildeten, den Grafen Alessandro da Romena zu ihrem Hauptmanne wählten und einen Rath von zwölf Mitgliedern einsetzten, unter welchen sich auch Dante befand. Sie vertrösteten sich mit Hoffnungen bis zum Jahre 1304, wo sie endlich den Versuch einer bewaffneten Rückkehr in die Vaterstadt wagten. Zuzüge kamen noch aus Bologna und Pistoja; es gelang ihnen auch, sich eines Thores und eines Stadttheiles zu bemächtigten, zuletzt aber mußten sie doch fruchtlos davongehen. Wenn der Verfasser weiterhin berichtet, daß Dante nun Arezzo verließ und einige Zeit, gastlich aufgenommen, bei den Herren della Scala in Verona lebte, so ist dies entweder eine Verwechselung mit dem früheren Aufenthalte des Dichters am Hofe des Bartolomeo della Scala, der schon im Jahre 1303 starb, oder vielleicht im Gegentheil eine Bestätigung der flüchtigen Angabe Boccaccio's, daß Dante, bevor er nach Paris ging, noch einmal in Verona eingesprochen habe. Ein solcher mittlerer Aufenthalt zwischen dem ersten bei Bartolomeo und dem letzten bei Cane Grande della Scala, die wol beide feststehen, bleibt jedoch ohne bestimmtere Zeugnisse problematisch [165]). Von Verona soll Dante, so berichtet Bruni weiter, den Versuch einer Aussöhnung mit der Regierung in Florenz gemacht und zu dem Zwecke verschiedene Briefe dahin gerichtet haben, darunter einen sehr langen, der mit den Worten beginnt: „Popule mi, quid feci tibi?" Dieser Brief ist nicht mehr vorhanden, ebenso wenig ein etwas spätere, welchem der Verfasser die Notiz entnimmt, daß Dante aus Hochachtung gegen das Vaterland sich nicht habe im kaiserlichen Lager aufhalten wollen, als Heinrich VII., dessen Ankunft er doch mit veranlaßt hatte, Florenz umschlossen hielt. Noch eines anderen verloren gegangenen Schriftstückes von Dante wird gedacht, in welchem er über seine Besitzthümer an schönen Häusern in Florenz, liegenden Gründen in Camerata, in der Piacentina und in Piano di Ripoli, sowie an kostbarem Hausrath Auskunft gibt. Welcher Verlust für den Biographen der Gegenwart, daß uns alle diese Schreiben nicht mehr vorliegen! Bruni war noch so glücklich, Manuscripte von des Dichters eigener Hand zu benützen; er schildert die Handschrift desselben als höchst correct, dünn und lang. Was wir aus der Bildlichkeit so vieler Schilderungen in der Commedia und noch speziell aus einer Stelle der Vita nuova [166]) von selbst deutlich erkennen, daß nämlich Dante auch ein glücklicher Zeichner gewesen, das versichert uns der Biograph zum ersten Mal ausdrücklich, während seine Beschäftigung mit der Musik schon von den Früheren bemerkt worden war. Die Persönlichkeit des Dichters ist wie gewöhnlich, doch nur kurz, geschildert; als gelungenes Abbild derselben wird das von einem vortrefflichen Maler jener Zeit, ohne Zweifel Giotto, nach der Natur aufgenommene Porträt in der Kirche di Santa Croce zu Florenz, fast in der Mitte links vom Hauptaltare, gepriesen.

Um den poetischen Charakter Dante's zu bestimmen, unterscheidet der Verfasser zwei Klassen von Dichtern: die einen, die es durch eigene innere Begeisterung werden, und dies sei die vollkommenste, mit Recht göttlich genannte Art von Poeten, wie Orpheus, Hesiod; die anderen, die ihre dichterische Befähigung lediglich der Wissenschaft und dem Studium verdanken, und dahin gehöre Dante. Es wird heut zu Tage Niemand die Einseitigkeit, aber auch nicht das theilweis Treffende dieser Classification verkennen. Auf die Frage, warum Dante sein großes Werk in der Volkssprache, anstatt lateinisch, geschrieben, gibt er, abweichend von dem sonst überlieferten Beweggrunde, zur Antwort: weil er sich selbst für fähiger dazu hielt, weshalb er denn auch den anfänglichen Versuch der Commedia in lateinischen Hexametern als mißlungen zurücklegte, — und in der That, fügt er bei, so anmuthig Alles, was der Dichter in vulgären Versen schrieb, so wenig seien es seine lateinischen Eklogen, wie auch seine lateinische Prosa, worin er kaum die Mittelmäßigkeit erreiche; der Grund davon sei, daß jenes Jahrhundert die Bestimmung hatte, in Reimen zu dichten (a dire in rima), dagegen in der Kenntniß und im Gebrauche des Lateinischen, obwol gelehrt in mönchisch-scholastischer Weise, doch roh und ungebildet war. Im Ganzen werden auch wir gegen diese Vergleichung und Schätzung der italienischen und der lateinischen Schriften Dante's, von ihrer sprachlichen Seite, nichts einzuwenden haben.

Bruni vervollständigt endlich auch das Wenige, was wir von Boccaccio über die Angehörigen und die Nachkommen des Dichters wissen. Er erwähnt einen Bruder, Namens Francesco, von den Söhnen nur den Piero, der die Rechte studirte und zu Verona ein angesehener Mann wurde, dann dessen Sohn Dante und einen Sohn von diesem, Namens Lionardo, der zur Zeit des Verfassers lebte. Dieser Lionardo besuchte denselben in Florenz, kurze Zeit vor Abfassung der Vita, mit anderen jungen Leuten aus Verona, und ließ sich von ihm die Häuser der Vorfahren zeigen und Manches mittheilen, was ihm unbekannt geblieben war, da er mit den Seinigen von der ursprünglichen Familienheimat fern lebte. Wir dürfen wol aus dieser Bemerkung schließen, daß der Verfasser seine Kunde nicht den Dante'schen Abkömmlingen verdankte, mit Ausschluß etwa der Nachrichten über diese selbst. Mit Bruni's Vita schließt der Hauptsache nach der originale Zuwachs zu dem biographischen Stoffe, und was die Folgezeit noch bietet, ist zumeist nur Ueberarbeitung des Vorhandenen, wozu sich hier und da noch spärliche oder unsichere Notizen neuen Inhaltes gesellen.

IV.

Die beiden zunächst folgenden, lateinisch geschriebenen Biographieen, die von Manetti und Filelfo, charakterisiren sich in Form und Haltung bei Weitem mehr als rhetorische Exercitien wie als historische Darstellungen. Giannozzo Manetti, der im Jahre 1459 zu Neapel starb, schrieb, wie er uns in der Vorrede mittheilt, zur Erholung von einem umfangreichen Werke die Lebensgeschichte der drei großen florentinischen Dichter [167]). Nachdem er seine Vorgänger bezüglich Dante's, Boccaccio und Leonardo Bruni, gelobt, tadelt er die Vita von Filippo Villani als nüchtern und dürftig [168]), was ihn jedoch nicht abhält, neben jenen beiden, von welchen er hauptsächlich seinen Stoff entlehnt, auch diesen bisweilen wörtlich zu benützen. Manetti erkannte die Lücken bei Boccaccio, fügte deshalb Alles zur Ergänzung bei, was Bruni über die männlich schöne Jugendbildung und über die politische Wirksamkeit Dante's veröffentlicht hatte. In der Kritik Boccaccio's, von dem er auch die fabelhaften Geschichten, wie den mütterlichen Traum und die wunderbare Auffindung der letzten Gesänge der Commedia, gläubig aufnimmt, verfährt er ungleichmäßig; denn während er die verfehlte Angabe desselben, daß der Dichter zur Zeit des Papstes Urban IV., anstatt Clemens IV., geboren wurde, berichtigt, läßt er die ebenfalls unrichtige, daß sein erster Gastgeber in Verona Alberto della Scala, anstatt Bartolomeo, gewesen sei, unangetastet. Die Benützung des Leonardo Bruni, soweit sie auch geht, ist nicht in allen Punkten gewissenhaft, so namentlich darin, daß, während er die verleumderische Anklage des französischen Barones Ferranti gegen die Partei der Weißen genau nach ihm berichtet, auch hinzufügt, daß das betreffende Actenstück sich noch im Palastarchive vorfinde [169]), er doch die ausdrückliche Versicherung Bruni's, daß er dasselbe unächt befunden, gänzlich verschweigt. Dem geschmähten Filippo Villani folgt Manetti doch sehr treu sowol in der Schilderung der Persönlichkeit, als in dem Berichte von der venezianischen Gesandtschaftsreise und der daraus erfolgenden tödtlichen Erkrankung des Dichters [170]). In anderen Stellen, so namentlich in der Erzählung des Römerzuges Heinrich's VII., die bei ihm umständlicher ausfällt, dabei mehr in's Allgemeine geht, als bei den früheren Biographen, wird die Benützung der Chronik des älteren Villani sichtbar [171]). Zu den problematischen Dingen, die Manetti vorträgt, gehört ein zweimaliger Aufenthalt des Dichters in Paris, einmal vor, einmal nach dem Tode Kaiser Heinrich's VII.; doch läßt die unbestimmte Art, wie davon gesprochen wird, deutlich erkennen, daß hier der Verfasser keineswegs auf sicherer Kunde fußt [172]). Aus eigener Anschauung dagegen berichtet er, wie scheint, über die beiden Porträts des Dichters in Florenz von der Hand Giotto's, das eine in der Kirche di Santa Croce, dessen schon Bruni gedenkt, das andere in der Kapelle del Podestà [173]). Als Beispiel endlich der bisweilen seltsam sich gebehrdenden rhetorischen Affectation des Zeitalters mag die Umschreibung gelten, die Manetti an Stelle der stolzen Aeußerung Dante's vor seiner römischen Gesandtschaft für nöthig erachtet, als wenn die lakonischen Worte in ihrer Ursprünglichkeit nicht treffend genug wären oder sich lateinisch nicht wiedergeben ließen, was doch dem Filippo Villani ganz gut gelingt [174]). Der Hauptsache nach ist also der originale Werth der Vita von Manetti gleich Null; denn was er berichtet, findet sich entweder bei Boccaccio oder bei Bruni oder den beiden Villani oder es ermangelt der sicheren Begründung.

Noch unbedeutender ist die kurze Vita des Paduaners Xiccone Polentone [175]), welcher im Jahre 1461 starb, im 4. Buche von dessen Werk, de scriptoribus latinae linguae, worin unter Anderem die falsche Angabe, daß Dante 64 Jahre alt geworden sei; die neu erscheinende Anekdote von des Dichters sarkastischer Antwort auf die Frage, warum er, im Vergleiche zu einem geschwätzigen Spaßmacher am Hofe des Can grande zu Verona, so wenig geliebt werde, ist auch nicht neu, sondern stammt von Petrarca [176]).

Reichhaltiger als die Vita von Manetti ist allerdings die des Giovan Mario Filelfo [177]), aber, wie sich zeigen wird, ist dieser Reichthum ein sehr verdächtiger. Der Verfasser ist der weniger bekannte Sohn des eitlen und ehrbegierigen, gegen die Großen seiner Zeit bald speichelleckerischen bald rachsüchtig verleumderischen, intriganten und lüsternen Francesco Filelfo, der dabei durch seine Gelehrsamkeit und seine Redekünste sich überall, wo er länger verweilte, von einem Kreise Bewunderer umgeben sah. Der Sohn

Giovan Mario glich seinem Vater in allen schlimmen Eigenschaften, stand ihm jedoch an litterarischer Bedeutung nach[178]). Der Vita gehen zwei Briefe voran, die uns über die Veranlassung der Schrift und den Standpunkt des Verfassers nähere Auskunft ertheilen. Der eine, ohne Datum, ist von Filelfo an Pietro Alighieri in Verona, einen Nachkommen Dante's, gerichtet und wir erfahren daraus, daß Filelfo bei der Abreise von Verona nach Venedig dem Freunde dieses Werkchen als Geschenk zurückließ. Seine Absicht ging, wie er erklärt, lediglich dahin, die ungeordneten, in der Muttersprache abgefaßten Vorarbeiten zu vereinigen und durch die lateinische Form der Unsterblichkeit zu überweisen. Boccaccio sowol als Leonardo Bruni haben nach seiner Meinung, indem sie das Leben Dante's in der Volkssprache abfaßten und damit lieber dem Volke als den Gelehrten einen Dienst erwiesen, sich leere und unnütze Arbeit gemacht; außerdem habe Jener durch die Darstellung von Liebeständeleien, dieser durch seinen nüchternen Stil den rechten Zweck verfehlt. Er dagegen, der gewisser Maßen Dante ganz in sich aufgenommen[179]), da er nun sowol die Nachkömmlinge des Dichters kenne als auch viele Werke desselben vor Augen gehabt[180]), sei ganz in der Lage, etwas Besseres zu leisten und er habe die Abfassung mit dem Wunsche unternommen, daß das ruhmreiche Leben des Dichters den Nachkommen desselben zur Freude, aber auch zum Ansporne, sich gleichen Edelsinnes zu befleißigen, gereichen möge. Alles schöne Worte, an welchen jenes affectirte, sittlich verderbte Litteratenthum so reich war; man muß über solche Lügenhaftigkeit erstaunen, wenn man dergleichen Worte mit dem schamlosen Leben und Treiben dieser lorbeergekrönten Poeten und Redner vergleicht. Aus solcher Quelle also floß die umfangreichste der älteren Biographieen Dante's; sie trägt noch mehr, als die Manetti's, das Gepräge eines bloßen Redekunststückes ohne historischen Ernst und Wahrheitssinn. Das Gute darin ist nicht neu, das Neue erregt meistens gerechte Zweifel, Hauptsache aber bleibt die rhetorische Einkleidung, — so möchte ich zum Voraus in Kürze die Vita von Filelfo charakterisiren. Das andere Schreiben, von Pietro Alighieri an zwei vornehme Florentiner gerichtet bei Gelegenheit der Zusendung dieser Vita, gibt einen Fingerzeig über die Zeit der Abfassung derselben; denn es ist vom Jahre 1468 datirt[181]).

Was nun die wesentlichen und brauchbaren Bestandtheile der Vita betrifft, so zeigen sie eine durchgehende Abhängigkeit von der Erzählung des Leonardo Bruni, öfter selbst im Nebensächlichen fast sklavisch[182]); doch greift Filelfo an vielen Stellen über die kargen Worte desselben hinaus. Wo dieser von dem Umgange des jungen Dante mit Altersgenossen spricht, macht er daraus einen Umgang mit den Söhnen der damals regierenden Häupter der Republik, wo Jener im Allgemeinen der männlichen Uebungen des Jünglings gedenkt, zählt Filelfo verschiedene Waffenübungen auf; ebenso wo Bruni und Boccaccio den Dichter als einen Freund der Tonkunst bezeichnen und nur Filippo Villani, von dessen Benützung sich übrigens keine Spur zeigt, etwas Genaueres sagt[183]), weiß der über ein Jahrhundert später lebende Biograph speziell, daß er eine anmuthige und klare Stimme für den Gesang hatte, das Orgel- und Zitherspiel mit Fertigkeit trieb und sich damit in der Vereinsamung des Alters ergötzte. Wer erkennt in solchen Erweiterungen nicht die unberechtigte Willkür des Stilisten, der der Feder freien Lauf läßt, um den dürren Stoff der Quelle nach Wunsche zu beleben? Die angeführten Beispiele treffen Unbedeutendes; aber es läßt sich von da eine ganze Reihe weiter verfolgen bis zu entschieden sichtbarer historischer Unwahrheit. Während Bruni nur sagt, daß Dante mit unter den 12 erwählten Räthen der Verbannten vom Jahre 1304 gewesen, macht ihn Filelfo zum Haupte (princeps) derselben; während Jener den Palmieri Altoviti nur als Genossen Dante's im Priorate und Mitverurtheilten nennt, läßt ihn dieser, indem er von leichter Vermuthung rasch zur Gewißheit übergeht, zugleich als Mitgesandten in Rom gelten[184]); während Bruni nur den Namen von Dante's Frau, nämlich Gemma, anführt, knüpft Filelfo daran — entgegen den Versicherungen seiner Vorgänger — die offenbar unbegründete Bemerkung, daß sie an Sitten und Gestalt in Wahrheit ein Edelstein gewesen[185]). Daraus, daß seine Hauptquelle es von vornherein ablehnt, von dem Liebesverhältnisse zu Beatrice zu sprechen, weil an dessen Stelle Wichtigeres zu berichten sei, zieht unser Biograph ohne Weiteres den Schluß, daß dieses Verhältniß nie existirt habe[186]), daß Beatrice ebenso wie die Pandora der Alten eine poetische Erfindung und nur allegorisch als Tugend und Glückseligkeit aufzufassen sei. Es wurde oben erörtert, inwieweit schon die Commentatoren der Commedia dieser Auffassung, von der man zum Glücke wieder abging, Bahn zu brechen suchten. Höchst wunderlich und über das Maß des Wahrscheinlichen hinausgehend erscheint es dann auch, wie Filelfo die Andeutung Bruni's von der sittlich reinen, nur aus Herzensanmuth erzeugten Liebesschwärmerei des jugendlichen Dante nach seinem Sinne wendet, indem er erzählt, dieser habe sich vor liebenden Jünglingen, die er sonst stets zur Tugend ermahnte, bisweilen nur so gestellt, als ob er liebe, um nicht ganz allein den Anschein des Weiseseins zu haben[187]) und ihnen zu zeigen, daß man dabei ganz gut den Studien obliegen könne[188]). Ein Beweis von oberflächlicher Einsicht in die Quellen liegt ferner darin, daß er von dem Aufenthalte Dante's an dem Hofe zu Verona das eine Mal so spricht, als ob er schon bald in den ersten Jahren des Exiles bei Can Grande Aufnahme gefunden, wo dieser erweislich noch gar nicht regierte, ein anderes Mal wieder so, als ob dies unmittelbar nach seinen Studien in Paris der Fall gewesen sei; auch die Aeußerung über den schließlichen Aufenthalt in Ravenna ist meisterhaft unbestimmt[189]). Geradezu fehlerhaft ist die Wiedergabe des Verbannungsortes Serezzana in Toscana, den Bruni erwähnt, durch Serzana, welches im Genuesischen liegt; nicht weniger die Verwechselung der Bianchi mit dem Neri als Gegner Dante's[190]), sowie die Bezeichnung des Can Grande als eines Gliedes der Familie Este[191]), während doch die della Scala in Italien so allgemein bekannt waren. Ebenso irrig in jeder Beziehung, man möchte sagen, rein aus der Luft gegriffen, ist die Angabe, Dante habe seine Commedia im 21. Lebensjahre — also im Jahre 1286, vor der Vita nuova! — begonnen und im 42. zu Ravenna — also im Jahre 1307, wo sich noch lange nicht alle Dinge zutrugen, auf die er in der Dichtung anspielt — veröffentlicht.

Zu dieser Unkenntniß oder doch Oberflächlichkeit in Dingen, über die ein Biograph Dante's im 15. Jahrhundert aus den ihm vorliegenden Quellen wol besser unterrichtet sein konnte, gesellt sich ein geradezu Verdacht erregender Umstand. Während nämlich Filelfo sonst versichert, nur das zu berichten, was er genau wisse oder selbst gesehen[192]), referirt er als die Anfänge der beiden lateinischen Schriften Dante's de Monarchia und de vulgari eloquio ganz fremdartige Worte, die nicht das Mindeste mit den uns authenthisch vorliegenden Texten gemein haben¹⁹³). Ich nenne diese Texte authentisch, weil sie durch die italienischen Uebersetzungen von Marsilio Ficino und Giangiorgio Trissino aus dem 15. und 16. Jahrhundert¹⁹⁴) jedem Unbefangenen hinreichend beglaubigt erscheinen. Was ist die Autorität eines Filelfo, wie er uns auch nur nach den voranstehenden Bemerkungen entgegentritt, im Vergleiche zu der des allgemein geachteten Marsilio Ficino, der seine Uebersetzung der Monarchia offen vor der ganzen gelehrten Welt zwei florentinischen Bürgern widmete! Ist in letzterem Fall an eine Selbsttäuschung oder an einen litterarischen Betrug zu denken? Wol ebenso wenig, als bezüglich der Uebersetzung der Schrift de vulgari eloquio von Trissino. Eine Selbsttäuschung möchte ich auch nicht bei Filelfo annehmen, vielmehr einen leichtfertigen Betrug in folgender Weise. Der eitle und gewissenlose Litterat wußte von Boccacio und Leonardo Bruni, daß Dante zwei Schriften unter jenem Titel verfaßt habe; er erlangte keine Abschriften davon, mochte jedoch seine Unkenntniß nicht blicken lassen, griff deshalb keck, im Vertrauen darauf, daß seine Leser sich nicht weiter darum kümmern würden, zu der Aushülfe, die Lücken durch ein paar lateinische Sätze, wie sie gerade in den Fluß der Darstellung paßten, auszufüllen. Es läßt sich nämlich vermuthen, daß zur Zeit der Abfassung der Vita die Uebersetzung von Marsilio Ficino noch nicht vorlag; sonst hätte sich Filelfo in Betreff der einen Schrift wahrscheinlich vorsichtiger benommen. Wenn es nun feststeht, daß Filelfo mit diesen Anfängen der beiden Dante'schen Schriften seinen Zeitgenossen ein rhetorisches Schnippchen zu schlagen versuchte, welches Vertrauen verdienen da noch die übrigen Absonderlichkeiten, die er uns vorträgt. Ich rechne dahin die Anfangsworte einer Geschichte der Guelfen und Ghibellinen, die Dante italienisch verfaßt haben soll¹⁹⁵), wie auch die Anfänge einiger sonst unbekannter Briefe von ihm¹⁹⁶); ebendahin auch die Mittheilung, daß der Verfasser sich im Besitze des vollständigen Commentares befinde, welchen der Dichter über das Paradiso abgefaßt und dem Fürsten Can Grande von Verona gewidmet¹⁹⁷). Was Filelfo von Dante's Nichtkenntniß der griechischen Sprache¹⁹⁸), ebenso bei Gelegenheit der Gesandtschaftsreise nach Frankreich von seiner Fertigkeit in der französischen¹⁹⁹) bemerkt, ist eher glaublich, als nicht glaublich; doch gehört Beides in das Gebiet der Vermuthung und kann nicht als eine Bereicherung des Thatsächlichen gelten.

Ueberblicken wir, was darnach von Filelfo's Bericht über Dante als neu und nicht an und für sich verfänglich noch übrig bleibt. Es sind die Studienorte Cremona und Neapel mit den Namen zweier hervorragender Lehrer der Philosophie an beiden Anstalten²⁰⁰); ferner eine Reihe von Gesandtschaften, die Dante ausgeführt hat oder haben soll, nach Siena, Perugia, Venedig, Genua, an Papst Bonifaz VIII., an den Markgrafen von Este, an die Könige von Neapel, von Ungarn und von Frankreich, von denen bis jetzt einige in der That urkundlich feststehen²⁰¹); desgleichen mehrfache Auskunft über die Nachkommen Dante's, wovon indeß ein und der andere offenbare Irrthum sofort abzuscheiden²⁰²); endlich auch ein paar witzige oder charakteristische Aeußerungen aus des Dichters Munde, die seiner Art und Stimmung nicht ungemäß erscheinen²⁰³). Bei der Unsicherheit jedoch, die Filelfo's Nachrichten im Ganzen an sich tragen, wird es dem gewissenhaften Historiker unmöglich sein, dem Neuen, das er darbietet, Vertrauen zu schenken, so lange es nicht anderweitige Beglaubigung erhalten; bis dahin kann es keine andere Bedeutung in Anspruch nehmen, als zu fortgesetzter Forschung, besonders in den Archiven der Heimat Dante's, anzuregen.

Auch dem Lehrer Lorenzo's von Medici, Christoforo Landino, zu Ende des 15. Jahrhundert's[204]), der den letzten vorzugsweise geschätzten Commentar der Commedia schrieb, verdanken wir als Einleitung zu diesem eine kurze Biographie Dante's, die jedoch wenig Eigenthümliches bietet, indem sie sich fast durchgehends auf Boccaccio und Leonardo Bruni stützt. Von ersterem hält der Verfasser die unrichtige Angabe fest, daß Alberto della Scala des Dichters Gastgeber gewesen, von dem Chronisten Giovanni Villani den Juli als Todesmonat; den Nachweis der beiden Bildnisse Dante's entnahm er wahrscheinlich der Vita von Manetti. Neu ist allein die Bemerkung, daß Dante während seines Aufenthaltes in Verona Mitglied des Magistrates daselbst gewesen, wie aus einigen Entscheidungen hervorgehe, die seinen Namen tragen.

Der nächstfolgende Commentator der Commedia, Alessandro Bellutello in der ersten Hälfte des 16. Jahrhunderts, geht bei der Abfassung seiner etwas ausge ührteren Vita, die er ebenfalls dem Commentare vorausschickt, gegenüber Landino, der Boccaccio mit Leonardo Bruni zu vereinigen sucht, mit entschiedener Sonderung dieser beiden ihm vorliegenden Hauptquellen zu Werke. Die Geschichten bei Boccaccio von dem Traume der Mutter, dem Herzensjammer über den Tod Beatricens, der Auffindung der sieben ersten und der letzten Gesänge der Commedia, dem Gespräche der Weiber in Verona über Dante's Aussehen, die alle auch Landino gläubig nachschreibe, verwirft er als thörichte Erfindungen des eigenen Gehirnes der Erzählenden; statt des poetischen Berichtes von Boccacio sei deshalb der ächt historische des Aretiners der Lebensgeschichte Dante's zu Grunde zu legen, und der Verfasser thut dies in dem Maße, daß er die Vita Bruni's von Anfang bis zu Ende, mit geringen Abänderungen[205]) und Verkürzungen, wörtlich aufnimmt. Geflissentlich bezieht er sich an verschiedenen Stellen, womit er der Folgezeit einen trefflichen Fingerzeig gab, auf Zeugnisse aus der Commedia selbst[206]). Auch die Benützung des Filelfo wird einigemal sichtbar[207]); doch bemerkt der Verfasser im Eingange selbst, daß dieser fast nur den Leonardi Bruni abgeschrieben und blos noch manches Ungehörige beigefügt habe. Zu den problematischen Dingen, die auch bei Bellutello nicht ganz fehlen, gehört eine Reise Dante's nach Deutschland[208]); zu den höchst unwahrscheinlichen die Behauptung, der Dichter habe seine Commedia[209]) erst nach allen seinen vielen Wanderungen in Ravenna geschrieben. Wenn er ferner unter den Dichtungen Dante's eine „Allegoria sopra Virgilio" anführt, so beruht das vielleicht auf einer Verwechselung mit dem Eklogen-Austausch zwischen dem Dichter und seinem Freunde Giovanni Virgilio[210]). Auch Bellutello verdanken wir schließlich die weitere Vervollständigung der Nachrichten von den Nachkommen Dante's; von einem derselben, Messer Piero, erhielt der Commentator manche Aufklärung aus Handschriften der Vorfahren, so daß er bei der Interpretation der Commedia weniger im Finstern zu tappen meint, als es allen früheren Commentatoren begegnet sei[211]). Für die Vita scheint er indeß aus dieser Quelle wenig oder nichts gewonnen zu haben.

Den Reigen der sämmtlichen Biographieen Dante's bis in die Mitte des 16. Jahrhunderts beschließt auf wenig würdige Weise die ebenso kurze als flüchtig gearbeitete Vita, die sich vor dem Commentare des Bernardino

Daniello befindet[112]); sie ist ein dürftiger Auszug aus der Vita des Bellutello und empfiehlt sich gleich in der dritten Zeile zu ihrem Nachtheile durch das falsche Geburtsjahr 1260.

Die Uebersicht und Vergleichung der Biographieen Dante's noch weiter fortzusetzen, wäre überflüssig; denn wie schon die letzterwähnten, auf die sich doch noch manche Biographen der Neuzeit berufen, anstatt auf das Ursprüngliche zurückzugehen, verlieren sie am Ende gänzlich den Charakter der Quelle. Das Ursprüngliche aber, um noch einmal darauf zurückzublicken, ist seinem wesentlichen Bestande nach zuerst und vor Allem in Dante's eigenen Schriften und Briefen zu suchen, dann in Boccaccio's Vita und in der von Leonardo Bruni, die im Verhältnisse nothwendiger Ergänzung zu einander stehen, endlich in der kleinen Reihe von Actenstücken, deren ich in den Anmerkungen an geeigneter Stelle gedacht habe. Die erste gründliche und umfassende Revision des gesammten Quellen-Materiales, man kann auch sagen, die erste kritisch festgestellte Ordnung der einzelnen biographischen Elemente, durchweg nur aus den Quellen geschöpft, unternahm in der Mitte des vorigen Jahrhunderts Giuseppe Pelli; seine Memorie sind noch jetzt, besonders in der erneuerten Ausgabe von 1823, die sicherste Stütze für denjenigen, der sich genauer, d. h. auf die Quellen zurückgehend, mit dem Leben Dante's befassen will[113]). Ohne dieses Werk wären die besten der späteren Biographieen unmöglich gewesen; aber auch die gelungenste von ihnen, ob man die oder jene dafür halte, kann sich nicht rühmen, in allen Theilen gleichmäßig zu befriedigen und einen von Zweifeln ungestörten Genuß zu bereiten. Noch allzu Vieles von der Lebensentwicklung des Dichters ist unklar oder lückenhaft, und darf man auch von den fortgesetzten Nachforschungen an den Orten, wo Dante verweilte, mehr und mehr Aufklärung erwarten, so scheint sich doch mancher Punkt hartnäckig derselben entziehen zu wollen. So viel hundert Bücher und Abhandlungen auch schon über Dante geschrieben worden, so wird es doch zu keiner Zeit an ernstlichen Bemühungen fehlen, in diesen ebenso schwierigen als anlockenden Stoff tiefer und tiefer einzudringen. Wo es sich um eine weltgeschichtliche Erscheinung handelt, die, wie Dante, ein so bedeutendes Stück inneren und äußeren Volkslebens, ja menschheitlichen Lebens, repräsentirt, da ist jede darauf gerichtete Mühe der Forschung selbst wieder ein sichtbarer Schritt weiter im Reiche des Geistes.

Ergänzende Anmerkungen.

In den nachfolgend angeführten Schriften ist keine bibliographische Vollständigkeit zu erwarten, indem mit Consequenz nur die von mir selbst eingesehenen und benützten Schriften und Ausgaben angegeben sind.

1) So bei Boccaccio, der welt mehr von dem inneren Leben Dante's erzählt, als von seinem thätigen Einwirken auf die politischen Ereignisse.

2) Vita di Dante scritta da Cesare Balbo: con le annotazioni di Emmanuele Rocco. Edizione consentita dall' autore. Firenze. Felice le Monnier. 1853.

3) Vita di Dante Alighieri dettata da Melchior Missirini. Edizione quarta con aggiunte edite ed inedite dell' Autore. Milano e Vienna presso gli Editori Tendler e Schaefer. 1844.

4) Dante e la Philosophie catholique au treizième siècle; par M. A. F. Ozanam, professeur de littérature étrangère à la faculté de lettres de Paris. Nouvelle édition, corrigée et augmentée, suivie de recherches nouvelles sur les sources poétiques de la divine comédie. Louvain, chez C. J. Fonteyn, libraire-éditeur. 1847.

5) Dante Alighieri ou la poésie amoureuse par E. J. Delécluze. T. I—II. Paris, Adolphe Delahays, libraire, 1854.

6) Dante et les origines de la langue et de la littérature Italiennes. Cours fait à la faculté des lettres de Paris par M. Fauriel. T. I—II. Paris, Auguste Durand, libraire. 1854.

7) Dante's Leben und Werke. Kulturgeschichtlich dargestellt von Dr. Franz X. Wegele, außerordentlichem Professor an der Universität zu Jena. Jena, Druck und Verlag von Friedrich Mauke. 1852.

8) Memorie per servire alla vita di Dante Allighieri. Zuerst ohne den Namen des Verf. in Tom. IV. Part. 2. der von Antonio Zatta, Venezia 1757—58, verlegten Werke Dante's; später verbessert und vermehrt selbständig unter dem Titel: Memorie per servire alla vita di Dante Alighieri ed alla storia della sua famiglia raccolte da Giuseppe Pelli Fiorentino, seconda edizione notabilmente accresciuta. Firenze, Piatti 1823. S. 2. dieser Schrift gibt auch eine kurze kritische Uebersicht der Biographen Dante's.

9) Vita nuova di Dante Allighieri, edizione XVI a corretta lezione ridotta mediante il riscontro di codici inediti e con illustrazioni e note di diversi per cura di Alessandro Torri Veronese Dottore in belle lettere e socio di varie Accademie. In Livorno col tipi di Paolo Vaunini 1843; dann in den Opere minori di Dante A. von Pietro Fraticelli. Firenze, Barbèra, Bianchi e Comp. Vol. II. 1857.

10) So finden wir den Todestag der Beatrice durch astronomische Angaben auf den 9. Juni 1290 bestimmt, S. XXX.

11) Convito di Dante Alighieri, ridotto a lezione migliore. Padova dalla tipografia della Minerva, 1827; dann in den Opere minori di Dante A. von P. Fraticelli, Vol. III.

12) La Monarchia di Dante A. col volgarizzamento di Marsilio Ficino tratto da codice inedito della Medicea-Laurenziana di Firenze con illustrazioni e note di diversi, per cura del Dottore Alessandro Torri. In Livorno coi tipi degli artisti tipografi, 1844; dann in den Opere minori di Dante A. von P. Fraticelli, Vol. II.

13) Della lingua Volgare di Dante A. libri due tradotti di Latino da Giangiorgio Trissino e ridotti a corretta lezione col riscontro del testo originale, edizione XVII, aggiuntevi le note di diversi per cura del dottore Alessandro Torri di Verona. In Livorno presso la libreria Niccolai-Gamba, in Firenze presso Luigi Molini 1850; dann in den Opere minori di Dante A. von P. Fraticelli, Vol. II.

14) In den Opere minori, Vol. I. unter dem Titel: Il Canzoniere di Dante A.

annotato e illustrato da P. Fraticelli, aggiuntovi le Rime sacre e le poesie latine dello stesso Autore. Firenze 1856.

15) Die Vita nuova (§§. XXIV. XV.) und das Convito (Tratt. 1. cc. 5—13.) enthalten, übereinstimmend mit den Erörterungen in der Schrift de vulgari eloquio, manche Andeutungen in Betreff des Ursprunges der italienischen Poesie, sowie über die hervorragenden zeitgenössischen Dichter, z. B. Cino da Pistoja, Guido Cavalcanti, Guido Guinizzelli u. A. Was die Canzonen und Sonette betrifft, so herrscht bis jetzt noch eine große Unsicherheit in der Entscheidung über die Aechtheit derselben. Von den Canzonen, deren Aechtheit nicht zu verkennen, nehmen besonders zwei auf die historischen Verhältnisse der Zeit und die persönlichen des Dichters Bezug, nämlich „O Patria, degna di trionfal fama", deren Gegenstand die beklagenswerthen Zustände der Vaterstadt, und „Poscia ch' i ho perduta ogni speranza" (von Fraticelli zu den apokryphen gezählt), worin der Dichter über den Tod des theuren Herrn (ohne Zweifel Kaiser Heinrich VII.) und die Unmöglichkeit seiner Rückkehr in die Heimat trauert und dem Markgrafen Frauesdohlno (Malaspina) in Lunigiana seinen Gruß sendet. Unter den Sonetten haben geschichtliches Interesse, durch die Beziehung zu den Freunden des Dichters: „Guido, vorrei che tu e Lapo ed io", „Poich' io non trovo chi meco ragioni" und „Jo mi credea del tutto esser partito". Die beiden lateinischen Eklogen, veranlaßt durch die poetischen Zuschriften des Giovanni del Virgilio, stammen aus der letzten Lebenszeit des Dichters und vergegenwärtigen uns lebhaft das Verhältniß des volksthümlichen Sängers zu den antilisirenden Poeten des Zeitalters. Was die unter Dante's Namen veröffentlichten sieben Bußpsalmen (i sette salmi penitenziali) und das so oft in den Handschriften der Commedia mit beigefügte Credo (professione di fede), jene wie dieses in terzo rime, betrifft, so erscheinen sie sowol dem Inhalte als der Sprache nach des Dichters wenig würdig, mögen demnach als unächt gelten; man vergleiche, um den Unterschied wahrzunehmen, nur die Paraphrase des Vaterunsers im Credo (bei Fraticelli p. 407.) mit der zu Anfang des Canto XI. im Purgatorio.

16) Erschöpfende Auskunft über sämmtliche Ausgaben der Commedia gibt die Bibliografia Dantesca ossia Catalogo delle edizioni, traduzioni, codici manoscritti e comenti della divina Commedia etc. compilata dal Visconte Colomb de Batines. T. I.—II. Prato, tipografia Aldina 1845—46. Dazu die Nachlese von C. Witte in der Schrift: Quando e da chi sia composto l'Ottimo Comento a Dante. Lettera al Sign. Seymour Kirkup. Lipsia 1847. pp. 25—52. Außerdem enthält T. IV. der Commedia, illustrata da Ugo Foscolo, Londra 1843. eine Uebersicht und Beurtheilung der Handschriften und der Ausgaben unter dem Titel: Notizie e pareri diversi intorno a forse duecento codici, e alla serie delle edizioni della Commedia di Dante, pp. 49—140; das Verzeichniß der Ausgaben reicht jedoch nur bis zum Jahre 1822. Auch die Ausgabe der Div. Commedia giusta la lezione del Codice Bartoliniano, Udine pei fratelli Mattiuzzi 1823—28, gibt in Vol. I. (pp. I—LIII.) und als Supplement in Vol. III. 2. (pp. 317—319.) ein Verzeichniß von Handschriften und ältesten Drucken, insoweit sie nämlich der Herausgeber zur Vergleichung herbeigezogen.

17) Von besonderem Werthe sind in dieser Beziehung die Gesänge XV.—XVII. des Paradiso, worin der Dichter seinen Stammvater Cacciaguida erzählend und prophezeiend einführt.

18) Am einfachsten erscheint die historische Treue des Dichters in Stellen, wie Inf. XXI. v. 94., wo er seine persönliche Gegenwart bei dem Abzuge der Besatzung von Caprona versichert („E cosi vid' io giù" etc.), wozu der Commentar des Benvenuto Rambaldi (bei Muratori antiqu. I. p. 1056) bemerkt, es sei dies im August des Jahres 1289 geschehen, als Dante 25 Jahre alt war. Wie auch das Schweigen Dante's von gewissen überlieferten Thatsachen als historisches Zeugniß gegen dieselben zu gebrauchen, davon liefert F. W. Barthold in treffendem Beispiel, indem er mit Recht vorausseßt, daß der Dichter die angebliche Vergiftung Kaiser Heinrich's VII. in der Commedia gewiß nicht unerwähnt gelassen haben würde, wenn diese Frevelthat gegen den von Gott gesandten Retter Italiens mehr als eine verleumderische Erfindung wäre (f. Barthold's Römerzug König Heinrich's von Lützelburg. II. Theil. Königsberg 1831. I. Beil. S. 39.)

19) [Ueber die Abfassungszeit der Dante'schen Schriften.] Für die Chronologie der Abfassung der Dante'schen Schriften geben ausschließlich diese selbst einige zum Theil sicher, zum Theil unsicher leitende Fingerzeige. Daß von den größeren die Vita nuova der frühesten Zeit angehört, erfahren wir, wenn nicht schon aus dem jugendlichen Charakter des Inhaltes, aus des Dichters eigener Versicherung, Convito Tratt. 1. c. 4: „E io in quella dinanzi (nämlich in der Vita nuova) all' entrata di mia gioventute parlai, e in questa dipoi (nämlich im Convito) quella (nämlich gioventute) già trapassata", — vergilchen

mit der Bestimmung in Tratt. IV., c. 24, daß die gioventute vom 25—45. Lebensjahre reiche, wornach also die Abfassung, wenigstens der Beginn derselben, ungefähr in sein 26. Lebensjahr fällt, was ganz gut mit dem in der Dichtung noch erwähnten Jahrestage des Abscheidens der Beatrice (V. Juni 1291, §. XXXV.) übereinkommt. In seiner Weise ist daran zu denken, daß die in g. XLI. erwähnten Pilgerzüge in die Jubiläumsfrist von 1300 fielen, vielmehr gehörten sie den alljährlich sich wiederholenden Erscheinungen an; sonst hätte der Dichter gewiß bestimmter auf die seltene Veranlassung hingewiesen und sich nicht mit der allgemeinen Classification der Pilgrime begnügt. Jene Annahme, die sich auf Nichts gründet, würde die Chronologie der Dante'schen Schriften ohne Noth verwirren. — Bezüglich des Convito ergibt sich zunächst aus den so eben angeführten Stellen darin, daß die Abfassung desselben etwa mit dem 45. Lebensjahre begonnen werden, also in die Zeit des Exiles fällt, wie der Dichter selbst noch andeutet, Tratt. I. c. 3. Die Einführung Carl's II. von Neapel als lebend, Tratt. IV. c. 6, zeigt außerdem, daß dieser Abschnitt nicht nach 1309, wo der König starb (Giov. Villani VIII. c. 108.), geschrieben sein kann; es mag also dieses Jahr als das ungefähre der Abfassung des Werkes angenommen werden. Wenn man nur die Angabe Dante's über die Zeitgränzen der Gioventute und was er, Tratt. I. c. 1., darnach berechnet, nicht gerade aufs Haar nimmt, so findet sich kein Widerspruch. Genaueres darüber ist nicht zu erweisen, und alle die scharfsinnigen Argumente Fratticelli's für einen viel früheren Ursprung und für eine ganz verschiedene, weit auseinander liegende Abfassungszeit eines jeden der vier Abschnitte erscheinen zuletzt nicht stichhaltig. Die Erwähnung des Wahrsagers Asdente z. B. als einer noch lebenden Person, Tratt. IV. c. 16., während der Dichter dieselbe im Jahre 1300, wohin er die Vision seiner Commedia verlegt, als gestorben annimmt, Inf. XX. v. 18., veranlaßt den Kritiker, die Abfassung dieses letzten der vorhandenen Tractate des Werkes noch vor das Jahr 1300 zu stellen; nichts aber der nöthigt dazu, aus dem „sarebbe" in jener Stelle auf eine noch lebende Person zu schließen. Auch das dem Guido da Montefeltro wegen seiner Verzichtleistung auf das weltliche Leben im Jahre 1296 (Murat. Scriptt. IX. pp. 444 A und 743 c. 44.) gespendete Lob, Tratt. IV. c. 28., gegenüber seiner Verdammung in der Commedia (Inf. XXVII.) ist kein sicheres Zeugniß dafür, daß der Dichter, als er jene Stelle des Convito schrieb, noch nichts von dem Verrathe des Montefeltro im Jahre 1298 (Glob. Villani VIII. c. 23.), um deswillen er ihn in die Hölle versetzt, gewußt habe, da Dante auch sonst Lob und Tadel bei derselben Person auseinanderzuhalten pflegte und z. B. kein Arg darin fand, im 15. Ges. des Inferno seinen Lehrer Brunetto Latini wegen eines schmählichen Lasters zu verdammen und ihm gleichzeitig die kindlichste Liebe und Dankbarkeit zu bezeigen. Was Fratticelli außerdem gar nicht berücksichtigt und was doch wol gegen die Aufhebung der zeitlichen Aufeinanderfolge der uns aufbehaltenen vier Tractate, wie wir sie im Werke geordnet finden, bezüglich ihrer Abfassung, spricht, ist die in verschiedenen Stellen vorkommende Verweisung auf die folgenden, erst noch zu schreibenden Abschnitte (Tratt. I. cc. 8. 12. II. 4. III. 15. IV. 26. 27.).— Was die Schrift de Monarchia betrifft, so hat man, übereinstimmend mit der Versicherung des Boccaccio in der Biographie Dante's, meistens als sicher angenommen, daß derselbe sie zur Ankunft Kaiser Heinrich's VII. in Italien geschrieben habe. Die Gründe, welche C. Witte für einen noch älteren Ursprung, ja also vor das Exil zurück, geltend macht, scheinen mir nicht so schlagend, daß sie gegen das Bekenntniß der politischen Sinnesänderung im 1. Cap. des II. Buches, die in so früher Zeit nicht denkbar, aufkommen könnten. Wenn darnach die Abfassung des Werkes unzweifelhaft in die Periode des Exiles in Stellen, wo der Dichter bereits zum entschiedenen Ghibellinen geworden, so spricht dagegen die Verschiedenheit der Ansichten vom Adel im II. Buche c. 3. und im Convito IV. c. 3., worin jene gewissermaßen von einem höheren Standpunkte corrigirt wird, für die Vermuthung, daß dieser betreffende Abschnitt, also wahrscheinlich die ganze Schrift, vor jenem Tractate des Convito geschrieben sei; wie lange vorher, ist jedoch nicht zu ermitteln. — Die Bestimmung der Abfassungszeit der, gleich dem Convito, unvollendet gebliebenen Schrift de vulgari eloquio unterliegt, wie scheint, einem unlösbaren Widerspruche. In lib. I. c. 12. wird Markgraf Johann von Monferrat, der im Januar 1305 starb (Muratori Gesch. Ital. VIII. S. 271.), als lebend eingeführt, und ebenso in lib. II. c. 6. der Markgraf von Este, worunter nach den Umständen kein anderer als Azzo VIII., der den letzten Januar 1308 starb (Murat. Gesch. Ital. VIII. S. 286.), verstanden sein kann. Darnach möchten beide Bücher zwischen dem Ende des Jahres 1304 und dem Anfange von 1308 geschrieben sein; wie harmonirt das aber mit den Worten Dante's zu Anfange des Convito, Tratt. I. c. 5., worin er sein Werk über die Volkssprache, das er mit Gottes Zulassung zu arbeiten beabsichtige, erst ankündigt, vorausgesetzt, daß der obige Nachweis von der Abfassungszeit des Convito richtig ist? Möglich, daß wir über das Todesjahr der bei-

3

den Markgrafen Johann und Azzo falsch berichtet sind; möglich auch, daß die Stellen bei Dante einen anderen Sinn haben; noch andere Möglichkeiten lassen sich nach dem Vorgange Fraticelli's aufstellen: — gestehen wir es indeß nur ein: wir sind nicht vollkommen ausgerüstet, um die Frage zu entscheiden. — Auch bezüglich der Commedia läßt sich wenig Bestimmtes über die Abfassungszeit sagen. Begnügt man sich freilich mit Hypothesen, wie Carlo Troya in seinem sonst so reichhaltigen Werke Del veltro allegorico de' ghibellini (con altre scritture intorno alla divina Commedia di Dante. In Napoli dalla stamperia del vaglio 1856), dann scheint es, als ob man genaue Angaben erlangen könnte: aber es ist eben nur Schein und das ganze künstliche Gebäude ist fortwährend in Gefahr wieder einzustürzen. Wenn Wegele (Dante's Leben S. 298.) auf eine bisher unbeachtet gebliebene Stelle des Convito (Tratt. I. c. 3.) als für die Chronologie der Commedia entscheidend verweist, worin nämlich Dante von den Folgen seiner Verbannung spricht, daß nicht bloß seine Person an Ansehen verloren habe, sondern auch jedes seiner Werke — „ogni opera, si già fatta, come quella che fosse a fare" —, so finde ich den Schluß, den er daraus zieht, keineswegs nothwendig, daß nämlich unter quella opera che fosse a fare ein bereits in Arbeit befindliches, aber noch nicht fertiges, und zwar die Commedia, zu verstehen sei, von welcher demnach zur Zeit, als der Dichter das Convito begann, (1300) bereits ein Theil veröffentlicht gewesen sein müsse. Jene Stelle ergibt bei unbefangener Betrachtung nur folgenden Sinn: „jedes meiner Werke, sowol jedes schon fertige, als welches ich etwa noch schreiben sollte"; das ogni muß, glaube ich, auf beide Theile bezogen werden, und es dünkt mir nicht widersinnig, den Dichter zum Voraus die Geringschätzung seiner künftigen Werke vermuthen zu lassen. Uebrigens gewinnen wir auch bei der Auffassung Wegele's nichts weiter, als was bisher noch Niemand bezweifelte, daß nämlich um 1300 bereits Abschnitte der Dichtung bekannt waren. Für die Feststellung der Chronologie des Inferno scheint dagegen einen besonderen Werth die Stelle XIX. v. 79 ff. zu haben, worin Papst Nicolaus III., der Simonist, seine Nachfolger Bonifaz VIII. und Clemens V. in der Weise ankündigt, daß jener nicht so lange auf diesen werde warten dürfen, als er selbst bereits, d. i. bis zum Jahre 1300, wo Dante's Vision stattfand, gewartet habe. Nicolaus starb 1280, Bonifaz 1303; jener wartete also auf diesen schon 20 Jahre: die Regierungszeit des Clemens aber, der 1314 starb, dauerte kaum zehn Jahre. Aus der Aeußerung des Nicolaus nun und aus dem Abstande der beiden Jahresfristen läßt sich vielleicht entnehmen, daß der Dichter die Regierungszeit des Clemens noch lange über das Jahr 1314 hinaus vermuthete, also ihr Ende nicht kannte, folglich diesen Abschnitt noch bei Lebzeiten desselben verfaßte. Nun wissen wir aus dem Schreiben Dante's an die Fürsten und Herren Italiens vom Jahre 1310 bei der Ankunft Kaiser Heinrich's VII. (s. den Schluß desselben), daß er damals die beste Meinung vom Papste hegte, weil dieser die Absichten des Kaisers zu begünstigen schien, während er sich in den letzten Monaten vor Heinrich's Tode (24. Aug. 1313) von der Gegenpartei gewinnen ließ. Jene Stelle des Inferno der sonach bezüglich ihrer Abfassung am besten in die erste Hälfte des Jahres 1313 passen, wenn nur nicht kurz vorher, in demselben Gesange v. 19, der Dichter uns durch seine eigenen Worte wieder schwankend machte. Er sagt da nämlich, die von ihm gewagte Zertrümmerung der marmornen Taufsteine zur Rettung des Knaben sei „ancor non è molti anni", d. h. vor wenigen Jahren, geschehen. Die Thatsache fällt nach der Note des Benvenuto Rambaldi in das Priorenamt des Dichters („qui tunc erat de prioribus regentibus", Muratori Antiquit. l. p. 1074), d. i. in das Jahr 1300; es fragt sich nun, ob dreißig Jahre so bezeichnet werden durften. Und so kommen wir am Ende doch auf den ungefähren Zeitpunkt von 1308 zurück, wo die Willfährigkeit des Papstes gegen Philipp von Frankreich in der Sache der Tempelherren so eben hinreichende Veranlassung zu einem Verdammungsurtheile geboten hatte. Daß später, im Jahre 1314, der Dichter wieder Grund fand, des Papstes in Ehren zu gedenken, würde ich unbedingtes Hinderniß sein, da sich Aehnliches bei Dante wiederholt. In keinem Fall aber dürfte das Jahr 1308 für die Veröffentlichung des Inferno als ausgemachte Thatsache gelten. Einen ferneren Anhalt bietet der poetische Briefwechsel des Dichters mit Giovanni del Virgilio, und zwar folgende Stelle in der ersten Ekloge Dante's:

(Opere minori von Fraticelli l. p. 128.):

„Quum mundi circumflua corpora cantu
Astricolaeque meo, velut infera regna, patebunt,
Devincire caput hedera lauroque jurabit."

Die mundi circumflua corpora sind verschieden aufgefaßt worden: bei reiflicher Erwägung wird man C. Troya (Del veltro allegorico p. 183.) beistimmen, der jene Worte mit astricolaeque als eins zusammenfaßt und unter beiden das Paradiso („i corpi scorrenti d'intorno al mondo, cioè i pianeti, e gli abitatori de' pianeti"), unter infera regna aber nicht das Inferno allein, sondern die beiden unteren Reiche („i regni sottoposti a que' corpi"), Inferno und Purgatorio versteht. Der Dichter will also sagen: „erst wenn ich das Paradiso ebenso werde veröffentlicht haben, wie bereits das Inferno und das Purgatorio, wird mir der Lorbeer wünschenswerth erscheinen." Wenn nun aus den dichterisch eingekleideten Thatsachen, die in der ersten Ekloge des Virgilio erwähnt werden, z. B. König Robert's Schifffug nach Genua, mit ziemlicher Sicherheit hervorgeht, daß das Gedicht in keine frühere Zeit, als in die zweite Hälfte des Jahres 1318, zu stellen ist, so ergibt sich zugleich für die Commedia, daß bis zu diesem Zeitpunkte erst Inferno und Purgatorio veröffentlicht waren, das Paradiso dagegen noch nicht vorlag. Was endlich noch den Anfang des Inferno betrifft, so läßt sich aus der durch die ganze Commedia streng festgehaltenen Verlegung der Vision auf die letzten Tage des März 1300 (Inf. I. 1. dergl. mit Conv. IV. c. 23.) entnehmen, daß der Dichter sein Werk, in der Abfassung, wie wir es kennen, erst mit oder bald nach dem Jahre 1300 angefangen haben kann. Auch einige der ältesten Commentatoren, z. B. Ottimo Commento, Benvenuto Rambaldi, versichern in der Stelle, wo sie von dem römischen Jubiläum im Jahre 1300 sprechen, bezüglich Inf. XVIII. v. 28., daß Dante in diesem Jahre die Abfassung begonnen oder den Plan dazu gefaßt habe. Einige weitere Vermuthungen über Beginn und Abschluß der Commedia, zu denen Boccaccio's Bericht von Dante Veranlassung gibt, folgen später; aus allem zusammen wird man ersehen, wie wenig bestimmte Kunde wir von der Abfassungszeit der Dante'schen Schriften, besonders auch der einzelnen Theile der Commedia, haben.

20) Quaestio aurea ac perutilis edita per Dantem Alagherium, poetam florentinum clarissimum, de natura duorum elementorum aquae et terrae disserentem p. cura di Alessandro Torri als Anhang zu desselben Epistole di Dante A. In Livorno 1842. pp. 159—194. und in den Opere minori di Dante A. von P. Fraticelli, Vol. II. pp. 425—465. Das Datum befindet sich am Schlusse der Schrift, wobei es freilich zweifelhaft erscheint, ob das angegebene Jahr 1320 wirklich als solches in unserem Sinne, oder nach der in Florenz und anderen norditalienischen Städten geltenden Zeitrechnung, die das neue Jahr erst mit dem 25. März begann, vielmehr als das folgende anzunehmen sei.

21) Vgl. Il Tesoro di Brunetto Latini volgarizzato da Bono Giamboni, nuovamente pubblicato secondo l' edizione del MDXXXIII. Venezia co' tipi del Gondoliere 1839. lib. II. c. 36. (Vol. I. p. 445.)

22) Als C. Witte im Jahre 1827 zuerst eine Sammlung der Dante'schen Briefe herausgab (Dantis Alligherii Epistolae quae extant, cum notis Caroli Witte. Patavii, sub signo Minervae), konnte diese erst aus sieben Briefen in theilweis noch unvollkommener Abfassung bestehen, während die späteren Ausgaben, wie noch Fraticelli (Opere minori di Dante, Vol. III.) deren elf, und die von Torri (Epistole di Dante etc. In Livorno 1842) außerdem noch drei enthalten (VIII., IX., X.), welche Dante im Auftrage der Gräfin Caterina di Battifolle vom Schlosse Poppi im Casentinischen aus an Margarethe von Brabant, Gemahlin Heinrich's VII., im Jahre 1311 richtete und, wofern ihre Rechtheit feststeht, zur Bestätigung seines Aufenthaltes in dieser Zeit nicht ohne Belang sind, da Gräfin Caterina die Gemahlin jenes Guido Salvatico war, der unseren Dichter freundlich bei sich aufnahm. Ueber den Ursprung der Conti Guidi und ihrer Zunamen Novello, Battifolle, Salvatico, Romena, s. Giov. Villani V. c. 37.

23) Croniche IX. c. 136.

24) Ist es vielleicht das von Leonardo Bruni in der Vita di Dante erwähnte, mit den Anfangsworten: „Popule mi, quid feci tibi?"

25) Bei Witte VI. VII., Torri VII. XII., Fraticelli VII. IX. Das Schreiben an den Kaiser mit der Aufschrift: „Sanctissimo triumphatori et Domino singulari, Domino Henrico, divina providentia Romanorum regi semper augusto, devotissimi sui Dantes Alligherius Florentinus et exul immeritus, ac universaliter omnes Tusci, qui pacem desiderant terrae, osculantur pedes."

26) Torri, Fraticelli I. Wie wir aus Giov. Villani's Chronik erfahren (VIII. c. 72.), richtete der Cardinal in Florenz nichts aus und machte dann selbst die Verbannten auf zu dem Angriffe auf Florenz im Juli 1304; Dino Compagni dagegen weiß nichts von der Einmischung des Cardinals in diese kriegerische Angelegenheit.

27) Witte VIII. Torri XIII. Fraticelli X.

28) Witte V., doch erst in italienischer Uebersetzung, da das lateinische Original noch nicht vorlag, Torri, Fraticelli V., die beide den ursprünglichen lateinischen Text haben. Die Aufschrift lautet: „Universis et singulis Italiae regibus et senatoribus almae urbis, nec non ducibus, marchionibus, comitibus, atque populis, humilis Italus Dantes

Alagerii Florentinus et exul immeritus orat pacem." So Fraticelli; Torri dagegen zwischen nec non und atque bloß gentibus.

20) Torri, Fraticelli VI. mit der Aufschrift: „Dantes Allagherius Florentinus, et exul immeritus, scelestissimis Florentinis intrinsecis" (bei Torri: intrinsecus).

30) Witte IX. Torri XIV. Fraticelli XI. Außerdem in besonderer Ausgabe mit reichhaltigem kritischen Apparat unter dem Titel: Del Metodo di commentare la divina Commedia, epistola di Dante a Can Grande della Scala, interpretata da Giambattista Giuliani Somasco. Savona dai tipi di Luigi Sambolino 1856. Die Aufschrift lautet nach Fraticelli: „Magnifico atque victorioso Domino, Domino Kani Grandi de la Scala, sacratissimi Caesarei principatus in urbe Verona et civitate Vicentia vicario generali; devotissimus suus Dantes Alagherii, florentinus natione, non moribus, vitam optat per tempora diuturna felicem, et gloriosi nominis in perpetuum incrementum."

31) Torri, Fraticelli II.
32) Torri, Fraticelli III. vgl. weiterhin Anm. 55.
33) Witte, Torri, Fraticelli IV.

34) Nur italienisch vorhanden, obwol ohne Zweifel ebenfalls ursprünglich lateinisch abgefaßt; bei Witte am Schlusse seiner Sammlung, Torri XI. Fraticelli VIII. Witte behauptet aus unzureichenden Gründen die Unächtheit dieses Briefes; Ton und Haltung sind Dante's keineswegs unwürdig, erscheinen vielmehr ganz in seiner Art, auch die Zeitumstände passen besser, als Witte annimmt. Nur darf das Datum nicht willkürlich geändert werden, wie C. Balbo (Vita di Dante p. 421) thut, der entgegen den geschichtlichen Beziehungen des Schreibens, bloß wegen der von den beiden Alliani (Giovanni und Filippo) berichteten Gesandschaftsreise nach Venedig kurz vor dem Tode des Dichters, anstatt 1314 das Jahr 1320 oder 1321 vorschlägt. Was bliebe bei dieser Annahme Wahres an der „novella elezione di questo serenissimo Doge", da der damalige Doge Soranzo von 1312 bis etwa 7 Jahre über Dante's Lebenszeit hinaus regierte?

35) [Ueber die noch ungedruckten Commentare zur Commedia.] Der so oft erwähnte, aber bis in die neuere Zeit problematisch gebliebene Commentar des Jacopo della Lana, der zu den ältesten gehört, soll nach dem übereinstimmenden Urtheile de Batines' (Del Comento su la divina Commedia appellato l'Ottimo e di quello attribuito a Jacopo della Lana in den Studi inediti su Dante A., Firenze 1846 pp. 131—158) und C. Witte's (Quando e da chi sia composto l'Ottimo Commento a Dante, Lipsia 1847) derselbe sein, welcher sich bereits in der Venedianer Folio-Ausgabe der Commedia vom Jahre 1477 (wegen des Verlegers Vindeli da Spira gewöhnlich die Vindellana genannt), sowie in der Mailänder Folio-Ausgabe vom Jahre 1478 (wegen des Verlegers M. P. Nidobeato oft als die Nidobeatina bezeichnet) gedruckt vorfindet; nur geringe Abweichungen beider Drucke von einander und von dem Originale, das sich handschriftlich in Paris und Florenz befindet, werden zugegeben und sollen bisher die richtige Auffassung getrübt haben. Nach dem Urtheile Anderer sind die Abweichungen doch bedeutender und liegt beiden Drucken nur der Commentar des Jacopo della Lana zu Grunde. (S. Ugo Foscolo, La Commedia etc. di Londra 1843. T. IV. p. 97.) Volles Licht kann erst ein kritischer Abdruck der besten Handschrift gewähren, der meines Wissens noch zu erwarten steht. Das Meiste zur Verwirrung hat wahrscheinlich das am Schlusse der Vindellana befindliche Gedicht beigetragen, worin sich nämlich ein Christofal Berardi, mit dankbarer Erwähnung der Commentator-Arbeit des Benvenuto Rambaldi (da Imola), als Verfasser zu nennen beliebt. Dieser Name wurde aber stets übersehen und fälschlich angenommen, daß die Ausgabe den Commentar des Benvenuto Rambaldi enthalte, mit welchem er jedoch in der Fassung nicht das Mindeste gemein hat. Nach dem Erwähnten ist der Commentar des Jacopo della Lana noch immer ein schwankender Begriff. Aehnlich verhält es sich mit dem Commentar oder dem Chiose des Jacopo Alighieri, eines Sohnes von Dante. Seit lange kannte man das Vorhandensein eines solchen Commentares, ohne etwas davon auffinden zu können, bis Pelli in seinem Memorio mit Bestimmtheit auf die der Laurenziana in Florenz aufbewahrte Handschrift hinwies (in der Dante-Ausgabe, Venezia 1758 T. VI. P. II. p. 31, Anm. 3. Ausg. 1823. p. 42. Anm. 54). Trotzdem verließ man diese Spur und glaubte dann in der königl. Bibliothek zu Paris das Original gefunden zu haben. Daraus theilte Ozanam in seinem bekannten Werke über Dante einige Excerpte mit, nämlich das Proemio mit Auslassungen und einen Abschnitt aus dem Anfange des Commentares (Ausg. Louvain 1847. pp. 55 und 268); nach ihm bc Batines zu Ende der oben erwähnten Abhandlung einige andere, bezüglich Inf. XVIII. XIX. XXX. Der Anfang jenes Proemio stimmt mit dem von Pelli angeführten genau überein, so daß kein Zweifel auch in Betreff der übrigen

Excerpte auffleigen dürfte. Nun belehrt uns aber ein Schriftchen von Aubin de Rians (Delle vere chiose di Jacopo Allighieri e del Commento ad esso attribuito, Firenze, tipographia di Tommaso Baracchi, 1848), daß es sich damit ganz anders verhalte. Die Vergleichung des Pariser Codex mit dem florentinischen, besonders mit einem dem Lord Vernon angehörigem, hat ihm den Beweis geliefert, daß zwar das Proemio der Pariser Handschrift ächt sei, der Commentar selbst aber von einem anderen unbekannten Verfasser aus dem Anfange des 14. Jahrhunderts herrühre, wogegen der Lord Vernon'sche und der Codex der Laurenziana, den schon Pelli bezeichnete, den ächten Commentar des Jacopo Allighieri sammt dem ächten Proemio enthalten. Der Codex des Lord Vernon umfaßt außerdem noch andere merkwürdige Stücke, und zwar in erster Linie jenen Commentar des Ungenannten (zum Inferno), der in dem Pariser Codex sich befindet und für den des Jacopo A. gehalten wurde, jedoch mit einem eigenen Proemio, das von dem des Jacopo A. und dem der Pariser Handschrift gänzlich abweicht, aber in Ton und Sprache eben so genau mit dem darauf folgenden Commentare harmonirt, wie das ächte Proemio des Jacopo mit dem seinigen. Der Verf. hat am Schlusse beide Proemien und Proben aus dem Anfange beider Commentare zur Vergleichung mitgetheilt. Uebrigens überzeugen die paar Stellen aus dem Commentare des Ungenannten bei de Batines (studi inediti, Firenze 1846. p. 157) von dem Werthe und der Welthhaltigkeit gerade dieser Glossen; so geben sie z. B. zwei für die Lebensgeschichte des Dichters interessante Nachrichten, erstens daß er zur Zeit des großen Jubiläums im Jahre 1300 sich selbst in Rom befand (bezüglich Inferno XVIII. 28), zweitens daß der Knabe, den er durch raschen Entschluß von dem Tode des Ertrinkens in dem marmornen Taufbecken rettete (Inf. XIX. 28), ein Antonio di Baldinaccio de' Cavicciuli war und die Sache sich am Sonnabende vor Ostern zutrug („il di di sabbato santo"). Die Richtigkeit dieser Mittheilungen bleibe dahingestellt; jedenfalls gehören beide Commentare zu denjenigen, deren Veröffentlichung durch den Druck — mir ist nicht bekannt, daß derselbe bis jetzt geschehen — zu wünschen wäre. Uebrigens sind diese in Prosa abgefaßten Chiose des Jacopo A. nicht mit den in den alten Drucken (z. B. der Vindeliana) und Handschriften unter demselben Autornamen wiederkehrenden terze rime, die einen kurzen Auszug aus der Commedia enthalten, zu verwechseln; sie beginnen mit dem Verse: „Voi che siete dal verace lume". Noch einige andere Commentare der ältesten Zeit werden von früheren und späteren Commentatoren als Quelle, aus der sie schöpften, erwähnt; so eines Guido del Carmino oder da Pisa und des Cancelliere di Bologna (Grazinolo de' Bambagiuoli). Auf diesen beruft sich mehrmal der Ottimo Commento (I. p. 248), auf jenen Francesco da Buti (I. p. 189); von beiden enthält der Codex Vernon, wie Aubin, de Siano berichtet, die einander fortsetzenden Glossen zum Inferno. Der spätere Christoforo Landino nennt noch als Commentatoren einen Sohn Dante's, Namens Francesco, dessen Existenz nicht erweislich, ferner einen Carmeliterbruder Ricardo und einen Andrea Napolitano, von deren Arbeiten jedoch meines Wissens nichts bekannt ist; die Anführung eines Francesco Dante beruht wahrscheinlich auf der Verwechselung mit einem der beiden anderen Söhne des Dichters und mit Francesco da Buti, die alle drei Commentare geschrieben. Endlich wird noch von Ferd. Arrivabene (Il secolo di Dante, commento storico im Dante - Bartoliniano, Vol. III. part. I. p. 201. und dritte Separat - Ausgabe mit den Anmerkungen von Ugo Foscolo, Monza, tipografia Corbetta 1838. p. 47.) Fra Giovanni di Serravalle, Bischof von Fermo und Schüler des Benvenuto Rambaldi genannt, der im Jahre 1416, während er sich auf dem Concile zu Constanz befand, eine lateinische Uebersetzung der Commedia in Prosa und einen Commentar dazu verfaßte, wovon zwei interessante Stellen mitgetheilt werden. Vgl. unten Anm. 77.

36) Am vollständigsten berichtet Benvenuto Rambaldi über Brunetto (bei Muratori antiquitates medii aevi I. p. 1030 ff.); über die Beziehungen desselben zu Dante weiß er jedoch nichts weiter zu sagen, als daß dieser ihn im Leben genau gekannt („quem familiariter noverat in vita"), und etwas später, daß Brunetto nicht allein Dante, sondern noch viele andere Jünglinge unterrichtet habe (Ital. Uebersetzung von Giovanni Tamburini, Imola 1855. I. p. 382).

37) Petri Allegherii super Dantis ipsius genitoris Comoediam commentarium, nunc primum in lucem editum consilio et sumtibus G. J. Bar. Vernon, curante Vincentio Nannucci. Florentiae apud Guilielmum Piatti 1845. Aus einer Stelle p. 434. geht hervor, daß der Verf. im Jahre 1340 mit der Abfassung beschäftigt war. Es ist da nämlich von den drei französischen Königsgenealogieen die Rede und von der der Capetinger wird gesagt: „Tertia incipit a dicto Ugone et hucusque, scilicet in 1340, fuerunt reges 10." Diese beigefügte Zahl der capetingischen Könige bis zu dem genannten Jahre

muß demjenigen Zweifel erregen, der das Register der in unseren Geschichtsbüchern gewöhnlich aufgezählten Regenten damit vergleicht. Eine andere Zählung jedoch hatte das 14. Jahrhundert, wie aus dem Commentare des Benvenuto Rambaldi zu ersehen ist, der an eben dieser Stelle (bei Muratori l. p. 1214) allein sieben Capetinger Namens Philipp aufzählt und unter Philipp VII. denjenigen versteht, den wir als Philipp IV. kennen und den Schönen zu nennen pflegen („qui, ut credo, dictus est Pulcher"). Auf diese Weise kommt die Zahl 19 gerade heraus.

38) L'Ottimo Commento della Divina Commedia, testo inedito d' un contemporaneo di Dante citato dagli Accademici della Crusca. Pisa presso Niccolò Capurro, 1827—20. Voll. III de Batines suchte in der in Anm. 35. angeführten Abhandlung nachzuweisen, daß dieser Commentar nicht primitiv sei, sondern ein von zwei oder drei Compilatoren gefertigter Auszug aus früheren Commentaren: C. Witte dagegen, in seiner Lettera al Sign. Kirkup) (s. Anm. 15), vertheidigt mit Glück die Einheit des Werkes, obwol er die Benützung anderer Commentatoren, besonders des Jacopo della Lana, und einige spätere Interpolationen zugibt, stellt die Abfassung in die Zeit um 1333—1334 („mentre che io scriveva questa chiosa, anni 1333 a di 17 di Marzo" l. p. 355) und macht als Verfasser den florentinischen Notar Andrea Lancia glaublich.

39) T. l. pp. 183. 235.

40) „Io scrittore udii dire a Dante, che mai rima nol trasse a dire altro che quello ch' avea in suo proponimento."

41) T. III. p. 398. in der Glosse zu Par. XVII. v. 70. Petri Allegh. p. 608.

42) Vgl. weiterhin Anm. 88.

43) Bis jetzt nur in italienischer Uebersetzung, und nicht ohne Verkürzungen des Textes, vorliegend: Benvenuto Rambaldi da Imola, illustrato nella vita e nelle opere e di lui Commento latino sulla Divina Commedia di Dante Allighieri voltato in Italiano dall' Avvocato Giovanni Tamburini. Imola, dalla tipografia Galeati 1855—58. Voll. I. II. Der 3. Band, obwol bereits erschlenen, ist noch nicht in meine Hände gelangt; zum Ersatze dienten die reichhaltigen Auszüge in Muratori's Antiquitates italicae medii aevi, T. l. Der Herausgeber, dem der estensische Codex zur Verfügung stand, zog es selber vor, diese italienische Ueberarbeitung zu liefern, anstatt den lateinischen Original-Text abdrucken zu lassen. Das Wenige, was von dem Leben des Commentators in Erfahrung zu bringen, findet sich in der biographischen Einleitung zum ersten Bande.

44) Muratori Antiquit. l. pp. 1270. 1277.

45) T. l. p. 385. Murat. p. 4063. Es ist in dieser Stelle, bezüglich Inferno XV., von Brunetto Latini's Laster, der Päderastie, die Rede, bei welcher Gelegenheit Benvenuto mittheilt, daß, als er im Jahre 1375 zu Bologna über die Commedia Vorlesungen hielt, er unter seinen Zuhörern ebenfalls Päderasten entdeckte und auf diese Weise von der Wahrheit der Darstellung bei Dante überzeugt worden sei.

46) Diese Excerpte haben den Vorzug, daß sie treu nach dem estensischen Codex in der ursprünglichen lateinischen Abfassung wiedergegeben sind.

47) T. l. p. 17. (Introduzione). Murat. p. 1037., wo bezüglich der Geburt Dante's im Jahre 1265 der Beisatz „sedente Urbano papa IV." anstatt Clemente IV.

48) Murat. p. 1269: „Fuit enim Dominus Aldigherius Jurisperitus."

49) S. oben Anm. 36.

50) T. l. p. 164. mit Hinweisung auf den Schlußvers von Inf. V: „E caddi come corpo morto cade."

51) T. II p. 53. Murat. p. 1148: „quid intonavit multos sonos ejus."

52) T. II. p. 232. Murat. p. 1186., bei welcher Gelegenheit der Maler dem Dichter auf die beißende Frage, wie es komme, daß er so schöne Gestalten zeichne und doch so häßliche Kinder habe, die witzige Antwort gab: „Quia pingo de die, sed fingo de nocte." Uebrigens verweist hier der Commentator auf die Berichte Petrarca's und Boccaccio's über Giotto, und es ist wahrscheinlich, daß er das Geschichtchen von letzterem überkommen hat.

53) T. l. p. 437. Murat. p. 1074. Ottimo Commento l. p. 344. vergl. oben Anm. 33.

54) Commento di Francesco da Buti sopra la divina Commedia di Dante Allighieri, publicato per cura di Crescentino Giannini. In Pisa pei fratelli Nistri. Tom. I. 1858. II. 1860. T. III. ist bis jetzt noch nicht erschienen. Dem ersten Theile gehen biographische Notizen über den Commentator voran.

55) T. l. p. 357.

56) S. oben Anm. 35.

57) Z. B. T. l. p. 188, wo anstatt König Philipp IV. von Frankreich mehrmal ein

re Federigo di Francia genannt wird, während dagegen T. II. p. 475. König Philipp in sein Recht eintritt; T. II. p. 479, wo die Gefangennehmung Bonifaz's VIII. unrichtig in das Jahr 1301 gestellt ist.
58) T. I. p. 283.

59) Lo Inferno della Commedia di Dante Alighieri col comento di Guiniforto delli Bargigi, tratto da due manoscritti inediti del secolo decimo quinto, con introduzione e note dell' Avv. G. Zacheroni. Marsilia, Leopoldo Mossy. Firenze, Giuseppe Molini. 1838. Voran einige biographische Notizen (cenni storici).
60) p. 139: — „ed il clementissimo signor nostro illustrissimo duca non lo permetterebbe" etc.
61) p. 24.
62) p. 307.
63) Petri Alligh. Comment. pp. 58. 511. 513.
64) L'Ottimo Commento II. p. 539: „e qui cadrebbe una lunga dimostrazione, la quale per brevitade è da lasciare."
65) Benv. Rambaldi da Imola p. Tamburini T. I. p. 75: „E chi fu Beatrice? — Fu dessa realmente donna florentina".
66) Comm. di Francesco da Buti I. p. 65: „beatifica l'uomo".
67) II. p. 735.
68) p. 740: „una non e così".
69) Nicht blos Beatricen, sondern auch Mathilden als dem Sinnbilde des christlich thätigen Lebens, die unseren Dichter beim Eintritt in das irdische Paradies zuerst empfängt, giebt der Commentator eine geschichtliche Unterlage, indem er erklärt, Dante habe bei ihr an die Tochter der Gräfin Beatrix, die reichlich spendende Wohlthäterin der römischen Kirche und Freundin Gregor's VII., gedacht, bei welcher Gelegenheit arge Fabeln von ihrer Ehe mit dem deutschen Baron Guelfo und den Streitigkeiten desselben mit seinem Vetter oder Bruder Gebel, woraus die Kämpfe der Guelfen und Ghibellinen entstanden seien, erzählt werden. II. p. 674. Uebrigens schöpft hier der Verf., wie er auch selbst anmerkt, nur aus Boccaccio's Commento zur Commedia c. 10. (Firenze 1844. Vol. III. p. 15). Die Geschichte von der verunglückten Heirath der Gräfin mit Guelfo findet sich noch vollständiger schon bei Giov. Villani IV. c. 21 (20): doch fehlt die Beziehung zu dem boshaften Vetter und zu dem Ursprunge der Guelfen und Ghibellinen.
70) Lo Inferno, pp. 39. 41.
71) Beide Commentare mit allem Zubehör finden sich vereinigt in: Dante con l'esposizione di Christoforo Landino, e di Alessandro Vellutello, sopra la sua Comedia dell' Inferno, del Purgatorio, e del Paradiso. Con tavole, argomenti, e allegorie, e riformato, riveduto, e ridotto alla sua vera lettura, per Francesco Sansovino Fiorentino. In Venetia, oppresso Giovambattista, Marchiò Sessa, e fratelli. 1564. Beide Commentare schließen abschnittweise den Text der Commedia ein; die entscheidende Stelle, auf Purg. XXX. bezüglich, f. fol. 265 a.
72) Dante con l' espositione di M. Bernardino Daniello da Lucca, sopra la sua Comedia dell' Inferno, del Purgatorio, e del Paradiso; nuovamente stampato, e posto in luce. Con privilegio dell' Illustrissima Signoria di Venetia per anni XX. In Venetia, appresso Pietro da Fino. 1568. Als den wahren Verfasser giebt man Trifone Gabriello, von welchem in der voranstehenden Widmung die Rede ist, an (f. La Commedia di Dante A. illustrata da Ugo Foscolo IV. p. 113). Die betreffende Stelle, auf Inf. II. und Purg. XXX. bezüglich, f. pp. 16. 436.
73) Boccacco wurde zu Certaldo bei Florenz im Jahre 1313 geboren, war also acht Jahre alt, als Dante starb.
74) Il Commento di Giovanni Boccaccio sopra la divina Commedia di Dante Alighieri. Edizione conforma a quella del 1831. Firenze, tipografia Fraticelli 1844. Voll. III. Der Commentar bricht bald nach dem Beginne des 17. Ges. mitten im Sahe ab.
75) Nach dem Sommario cronologico della vita del Boccaccio scritto dal Cav. Giambattista Baldelli, im Parnasso italiano continuato, Lipsia presso Ernesto Fleischer 1833. Vgl. Commento I. p. 119, wo Boccaccio selbst das Jahr 1373 angibt.
76) So Leonardo Bruni, Filelfo, Vellutello.
77) Der erste Abdruck befindet sich zu Anfang der Folio-Ausgabe der Commedia von 1477 (Venezia p. Vindeli da Spira), unter dem Titel: „Qui commincia la vita e costumi dello excellente Poeta vulgari Dante alighieri di Firenze honore e gloria del Idioma Fiorentino. Scripto e composto per lo famosissimo homo missier Giovani Bocchacio da certaldo"; die nächstfolgende ist die erste Separat-Ausgabe: „Vita di Dante Ali-

ghieri Poeta florentino, composta p. Messer Giovanni Boccaccio. In Roma p. Francesco Priscianese Fiorentino 1544". Beide Abdrücke stimmen, bis auf geringe Abweichungen, mit einander überein, enthalten unverkürzt die weitläufigen betrachtenden Abschweifungen und schließen mit den Worten: „ma quelle ch' io posso, rendo, benedicendo in eterno il (el) suo nome e il (e) suo valore (vallore)". Ein mit beiden übereinstimmender Abdruck des gegenwärtigen Jahrhunderts, ohne Druckort und Jahreszahl, und wie aus dem kurzen Vorworte des Herausgebers hervorgeht, als Anhang zu der vorangegangenen Ausgabe des Decamerone, führt den allgemeinen Titel „Vita di Dante Alighieri per Messer Giovanni Boccaccio" und den besonderen, unmittelbar über dem Texte: „Origine vita studi e costumi del chiarissimo Dante Alighieri poeta florentino fatta e compilata dall' inclito Messer Giovanni Boccaccio"; die Vita reicht bis p. 92, daran folgen bis zu Ende, p. 151, Lettere di Messer Giovanni Boccaccio; den oben angegebenen Schlußworten der Vita ist noch zugefügt: „E cosi sia". Die andere, verkürzte Edition, als deren Bearbeiter Emmanuele Rocco in seinen Anmerkungen zu Cesare Balbo's Vita di Dante (p. 486), den Commentator der Commedia Giovanni da Serravalle (vgl. oben Anm. 35.) annimmt, führt den Titel: „Vita di Dante Alighieri, composta da Giovanni Boccaccio, diversa dall' edita e tratta da un codice del MCCCCXXXVII appartenente al cavaliere che fu Giuseppe Bossi, pittore Milanese, pubblicatasi per la prima volta in Milano da Luigi Mussi nel MDCCCIX" und findet sich unter And. als Einleitung zur Divina Commedia, Paris, libraire de Firmin Didot frères 1844. Die Schlußworte lauten hier: „ma quelle che io posso, rendo, benedicendo in eterno il nome suo"; die Anfangsworte aller Editionen dagegen: „Solone il cui petto (pecto)" etc. Von den Auslassungen in diesem verkürzten Texte betreffen auch einige den geschichtlichen Gegenstand selbst; so z. B. wird das wichtige Verhältniß Dante's zur italienischen Volkssprache, deren Gebrauch er in die Dichtung einführte, nicht berührt, ebenso werden die Charakterzüge des Dichters nur unvollständig gegeben und von seinen Schriften theils oberflächlich gehandelt, theils ganz geschwiegen. In einigen Fällen widerspricht die verkürzte Edition den Aussagen der anderen; während diese z. B. die Vermuthung ausspricht, daß die Liebe dem Geiste des jungen Dante nicht wenig hinderlich gewesen sein müsse, obwol Viele auch das gerade Gegentheil davon behaupten, sagt der Epitomator ohne Einschränkung, sein Geist sei vorzugsweise durch den Anblick dieser Jungfrau für die Dichtung geweckt worden, und wo der alte Text erzählt, er habe nicht ohne Schwierigkeit (non senza fatica) den jahrelang abgebrochenen Faden seiner Commedia wieder aufgenommen, läßt der Epitomator das „non" geradezu weg. Die eine Bemerkung, welche derselbe da hinzufügt, wo von Dante's Aufenthalt in Parlo die Rede ist, nämlich daß er daselbst nicht ohne großen Mangel an den nöthigen Lebensbedürfnissen den Stubien obgelegen habe, könnte von Giovanni di Serravalle herrühren, der in seinem Commentare zur Commedia berichtet, Dante habe aus Geldnoth das Doctorat in der Theologie nicht absolviren können, deshalb Parlo verlassen und sei nach Florenz heimgekehrt (f. die Stelle bei Arribabene im Dante-Bartoliniano Vol. III. Part. I. p. 182. und Separat-Ausg. p. 41b.). Doch widerstreitet gerade diese Stelle anderseits der oben erwähnten Annahme Rocco's, daß dieser Commentator zugleich der Epitomator der Vita sei, indem Jener den Aufenthalt Dante's in Parlo unmittelbar vor sein Priorat verlegt („factus fuit prior in palatio populi florentini, et sic coepit sequi officia palatii, et neglexit studium, nec rediit Pariis"), während dieser, übereinstimmend mit dem alten Texte, den Dichter erst während seines Exiles nach Parlo gehen und von da aus Veranlassung des Römerzuges Heinrich's VII. nach Italien zurückkehren läßt. Es sei deshalb erlaubt, die Redaction der letzteren von Seiten des Giov. da Serravalle vorläufig noch in Frage zu stellen. Daß jedoch nicht Boccaccio selbst, sondern ein Anderer diese Redaction vorgenommen habe, darauf deutet eine an sich geringfügige Auslassung hin; während nämlich da, wo von den Gemüthsleiden und dem trübseligen Aussehen des jugendlichen Dichters bald nach dem Tode seiner Beatrice die Rede ist, und wie wenig er sich in dieser Zeit vor Anderen habe sehen lassen, der Verf. der alten Edition die Einschränkung beifügt: „benchè ai miei" (p. 21), vermißt man in der verkürzten Abfassung diese zu bestimmt auf Boccaccio hinweisenden Worte, obwol der Epitomator in anderen Fällen es nicht vermeidet, sich bei seinen Mittheilungen, gleich dem ursprünglichen Erzähler, der ersten Person zu bedienen. Noch einige andere Unterschiede beider Editionen f. Anmm. 93. 106. 108.

78) Gef. XV. Den Familiennamen Alighieri (oder vielleicht urkundlicher Aligheri, vgl. B. Fraticelli, Storia della vita di Dante Alighieri, Firenze, C. Barbera 1861. p. 18 ff.) leitet Boccaccio von der Gemahlin des Cacciaguida her, die aus dem Geschlechte der Alighieri in Ferrara stammte und aus Vorliebe für ihren Geschlechtsnamen einem ihrer Söhne, dem Urgroßvater unseres Dichters (nach dem Stammbaume bei Pelli), denselben beilegte;

mit der Zeit wandelte sich jedoch Aldighieri in Alighieri um. Die Späteren blieben im Ganzen bei dieser Herleitung; nur der Commentator Benvenuto Rambaldi weiß außerdem noch anderen Rath, indem er Aldighieri zugleich als „quasi alta digerens, vel alia digerens quam alii poëtae" erklärt (bei Murat. Antiqu. I. p. 1030). Was den Ursprung des Taufnamens Dante betrifft, so findet sich schon in dem Commentare des Pietro Allighieri (p. 513.) die wunderliche Ableitung von dare, in der Art, daß Dantes so genannt worden sei, „quia — dedit se ad diversa, scil. primo ad theologiam, secundo ad poetica". Von den nächstfolgenden Commentatoren schloß sich Benvenuto Rambaldi (Murat. l. p. 1036.) dieser gezwungenen Interpretation an: „quasi dans se ad multa. Dedit namque se universaliter ad omnia" etc., wozu sich jedoch wieder noch ein anderer Deutungsversuch, als ächte Probe damaliger Philologie, gesellt, nämlich: „Vel dictus est Dan-tes, quasi dans Theu, id est Dei et Divinorum notitiam." Boccaccio hatte doch zuvor schon, dem Benvenuto sonst so gern folgt, in der Vita (p. 13.) und noch umständlicher im Commento (l. pp. 20. 21.) die Erklärung gegeben, daß die Aeltern, von Vorausahnung beseelt, dem Neugeborenen mit Recht den Namen Dante beigelegt; denn die Folge habe ihn, den von Gott besonders Begnadigten, als Wiedereinführer der aus Italien verbannten Musen, als Wiedererwecker der im Todesschlafe liegenden Poesie und als denjenigen, der die florentinische Mundart regelte und ihre Schönheit zur Anerkennung brachte, oder, wie die verkürzte Edition es zusammenfaßt, als „datore di maravigliosa dottrina" erwiesen. Dieser Auffassung folgte dann der Commentator Francesco da Buti in seinem Proemio. Es läßt sich gar nicht denken, daß diese alle nichts von der einfachen, einzig richtigen Ableitung des Namens, nämlich der Zusammenziehung aus dem öfter vorkommenden Durante, gewußt haben sollten, um so weniger, als Boccaccio weiterhin ohne alles Bedenken den familiäre Zusammenziehung Bice aus Beatrice wie selbstverständlich gelten läßt (p. 17.); vielmehr ist jene erste Ableitung wol nur eine Caprice mittelalterlicher Deutungssucht. Filippo Villani, der auf Boccaccio zunächst folgende Biograph Dante's, läßt zuerst der nüchternen Wahrheit ihr Recht, indem er erzählt, der Knabe sei in der heiligen Taufe Durante genannt worden, und hinzusetzt: „sed syncopato nomine, pro diminutivae locutionis more appellatus est Dante." Zum Ueberflusse läßt sich noch auf den Wortlaut der Urkunde vom 8. Januar 1342 verweisen, worin der erneuerten Verurtheilung des Dichters vom Jahre 1315 gedacht wird und die mit den Worten beginnt: „Cum Durante, olim vocatus Dante quondam Alagherii de Florentia, fuerit condepnatus" etc. (bei Pelli Memorie 1758. p. 78. Anm. 3. Ausg. von 1823 p. 10. Anm. 54. Del veltro allegorico de' Ghibellini p. 308.). Bezüglich der Vorfahren und Angehörigen des Dichters führt Pelli in den Memorie einige Actenstücke an, insbesondere ein Verkaufsinstrument vom 16. Mai 1332 (Ausg. von 1758 pp. 21. 24. Ausg. von 1823 p. 34. Anm. 24.). Nachricht von einer Schwester Dante's, die an den Florentiner Leon Poggi verheirathet war, und einem ihrer Söhne, Namens Andrea, gibt Boccaccio im Commento II. p. 207. Vgl. Anm. 108.

79) Beide Editionen fügen dieser Jahreszahl die unrichtige Bemerkung bei, daß damals Urban IV. auf dem päpstlichen Stuhle saß; es sollte statt dessen Clemens IV. heißen, da nach übereinstimmenden Berichten (Giov. Villani VI. c. 91.) Jener schon im Spätherbst 1264 starb und nach fünf Monaten der Andere gewählt wurde. Vgl. oben Anm. 47.

80) Commento di Giov. Boccaccio l. p. 33. Vgl. weiterhin Anm. 93. Diese Ausgabe stimmt mit des Dichters Aeußerung im Paradiso XXII. v. 110 ff., daß er im Zeichen der Zwillinge, also etwa zu Ende des Monates, geboren sei, überein. Nun findet sich zwar noch speziell in Elias Reusner's Ephemeris sive Diarium historicum: in quo est epitome omnium Fastorum et Annalium tam Sacrorum quam profanorum etc. Francofurti, ex officina typographica Nicolai Bassaei 1590. p. 81. zu dem Datum: VI. Kal. Junii, d. i. 27. Mai, als Geburtstag bemerkt „Dantis Aligeri Poetae Florentini 1265", und Bayle in seinem Dictionaire führt diese Notiz an; ohne sich indeß außer Stande, den Grund oder Ungrund derselben nachzuweisen und muß sie auf sich beruhen lassen.

81) Beide Orte werden von dem Verf. der Zeit nach geflissentlich auseinander gehalten; den Aufenthalt in Bologna schließt er an den Jugendunterricht im väterlichen Hause, den in Paris dagegen leitet er mit den Worten ein: „già vicino alla sua vecchiezza" (p. 15.) und man überzeugt sich bald, daß er damit keinen anderen meint, als den später noch zweimal erwähnten, von welchem ihn die Ankunft Heinrich's VII. in Italien zurückrief (pp. 33. 51). Zwar hat man aus dem Umstande, daß der Dichter im 10. Ges. des Paradiso (v. 133 ff.) neben verschiedenen namhaften Kirchenlehrern gerade einen der wenigst bekannten, den Scholastiker Siger (Siglerl) aus Brabant, mit einem zu bestimmten örtlichen Merkzeichen hervorhebt, auf persönliche Bekanntschaft geschlossen und daß Jener den Vorlesungen desselben in der Strohgasse (vico degli strami) zu Paris, natürlich vor 1300, da

der Dichter ihn sonst nicht unter den abgeschiedenen Geistern antreffen konnte, selbst beigewohnt habe; aber weder was Ozanam (p. 259 ff.) aus le Clerc's Untersuchungen über Sieger anführt, noch auch die beistimmende Bemerkung Wegele's (S. 84.) machen die Annahme eines Studienaufenthaltes vor 1300 irgendwie glaublich. Da Dante doch jedenfalls in Paris war, so konnte er ja, ohne Siger selbst noch gehört zu haben, Näheres über ihn erfahren, und ebenso geht aus der uneingeschränkten Feier des Thomas Aquino in Dante's Paradiso, während die französischen Philosophen um 1308 sich entschieden von demselben abwendeten, keineswegs hervor, daß der Dichter noch vor 1300 in Paris gewesen sein müsse. Als wenn er nicht später von diesen geistigen Bewegungen Kenntniß nehmen und trotzdem bei der Feier des Doctor angelicus bleiben konnte! Auch müßte man ja, wenn dieser Einwand etwas gelten sollte, zugleich annehmen, daß der Dichter den zehnten Gesang des Paradiso, also nahezu den Schluß des Werkes, in so überaus früher Zeit geschrieben habe, wie bis jetzt noch Niemand zu behaupten gewagt. Die in Anm. 77. angeführte Notiz des Giovanni di Serravalle von einem Studienaufenthalte Dante's in Paris vor 1300 wird also durch nichts unterstützt und erweist sich als unhaltbar.

82) Comment III. pp. 196, 208.

83) So z. B. in der genauen Angabe, daß Beatrice die Tochter des florentinischen Bürgers Folco Portinari war.

84) l. p. 248, wo sich in Betreff Beatricens noch bemerkt findet, daß sie dann verheirathet gewesen sei an einen Cavaliere de' Bardi, genannt Messer Simone. Boccaccio beruft sich dabei auf die Mittheilung einer der Beatrice nahe verwandten glaubwürdigen Person. Urkundliche Nachricht von Beatricen und ihren Aeltern gibt das Testament des alten Portinari vom 15. Januar 1287, in Pelli Memorie, Ausg. 1823 p. 73. Anm. 24.

85) Name und Geschlecht der Frau werden in der Vita nicht genannt; im Commento dagegen (II. p. 208.) gelegentlich bemerkt: „la qual fu chiamata madonna Gemma". Daß dieselbe aus der Familie der Donati war, deutet zwar Boccaccio in einer späteren Bemerkung an, wo er sagt, Dante habe bei seiner Flucht keine Besorgniß um die persönliche Sicherheit seiner Frau haben dürfen, da unter den Häuptern der siegenden Partei ein Blutsverwandter von ihr war (p. 31.); mit Bestimmtheit erwähnt es jedoch erst Leonardo Bruni in seiner Vita di Dante; Genaueres, so auch den Namen ihres Vaters Manetto, enthalten zwei Documente aus den Jahren 1297 und 1332. (S. Pelli Memorie 1758. p. 67. Anm. 2. Ausg. 1823. p. 77. Anm. 20.)

86) Die kürzere Edition (p. VII.) führt solcher Liebesverhältnisse zwei an, das eine zu der sog. Pargoletta in Lucca, das andere aus der letzten Lebenszeit des Dichters zu einer Alpenbewohnerin im Casentino (Alpigiana), die, obwohl schön von Antlitz, doch mit einem Kropfe behaftet gewesen sei, zu deren beider Lobe er Manches gedichtet. Näher betrachtet, beruht jedoch die Annahme des ersteren nur auf Purg. XXIV. vv. 37. 43., wo die Auskunft der Commentatoren über die Gentucca so verschieden lautet, daß z. B. Benvenuto Rambaldi dies gar nicht als Eigennamen, sondern für gens obscura auffaßt (Murat. I. p. 1226), mit Bezug auf Purg. XXXI. v. 59. und einige Verse in den lyrischen Gedichten, z. B. in der Ballate „Io mi son pargoletta bella e nuova", wo das Wort pargoletta die ungefähre Beziehung auf ein Mädchen zuläßt; was die Alpenbewohnerin betrifft, so findet man sie ebenfalls nirgends sonst, als in dem Verse „O montanina mia canzon, tu vai", derjenigen Canzone, von welcher der Brief Dante's an den Markgrafen Moroello Malaspina begleitet gewesen zu sein scheint („Amor, dacchè convien pur ch' io mi doglia": vgl. oben Anm. 32.). Auf gleiche Weise verhält es sich mit der sog. Pietra degli Scrovigni aus Padova, die ihr Dasein als Geliebte Dante's ebenfalls nur der spielenden Anwendung des Wortes pietra in mehreren Gedichten, z. B. in der Sestine „Al poco giorno, ed al gran cerchio d' ombra" zu verdanken hat; erst der Poet Antonio Maria Amadi im 16. Jahrhundert, wie C. Witte berichtet (Anmerkungen zu Dante's lyrischen Gedichten S. 108), entnahm daraus eine Beziehung zu der oben genannten Dame. Außerdem erwähnt l'Ottimo Commento in der Glosse zu Purg. XXXI. v. 55. (T. II. p 549.) noch einer Lisetta, wahrscheinlich mit gleichem Rechte, wie alle früheren Angaben, die insgesammt fast unbegründet erscheinen. Der Beschuldigung so oft wiederholter Liebesthorheiten darf mit Recht, abgesehen von dem strengen Sinne der Commedia, das schöne Sonett „Io mi credea del tutto esser partito" entgegengehalten werden, worin Dante seinem Freunde Cino da Pistoja allzuleicht bewegliche Liebe vorwirft und ihn zur Besserung auffordert:

„Chi s' innamora, siccome Voi fate,
Ed ad ogni piacer si lega e scioglie,
Mostra ch' Amor leggiermente il saetti:
Se 'l vostro cuor si piega in tante voglie,

Per Dio vi prego che voi 'l correggiate,
Sì che s' accordi i fatti a' dolci detti."

87) Boccaccio stellt hier den Einfluß Dante's auf die öffentlichen Dinge als so überwiegend dar, daß er versichert, die Republik habe nichts von Bedeutung ohne den Rath desselben vorgenommen: auf ihm schien das Vertrauen, die Hoffnung Aller, schienen alle göttlichen und menschlichen Dinge zu ruhen. Doch hören wir nichts Näheres über den Zeitraum, auf welchen diese heimathliche politische Wirksamkeit Dante's zu beziehen; über das Ende desselben, nämlich mit beginnendem Exile, sind wir wol im Klaren, keineswegs aber über den Anfang, und doch möchten wir so gern auch von Dante's Verwendung im Staate vor seinem Eintritt in das Priorat etwas Bestimmtes erfahren; denn es läßt sich nicht annehmen, daß der Biograph bei dem, was er von dem politischen Einflusse desselben sagt, nur an das zweimonatliche Priorat gedacht haben sollte. So steht z. B. urkundlich fest, daß Dante, nachdem er sich im Jahre 1297, oder wol gar schon 1295, dem Brauche gemäß, um ein öffentliches Amt antreten zu können, in eine der Zünfte, und zwar in die der Aerzte und Apotheker (arte dei medici e degli speziali), hatte einschreiben lassen (Pelli, Ausg. 1758 p. 64, Ausg. 1823 p. 90. Fraticelli, Vita di Dante 1861 p. 135.), auch schon am 8. Mai 1299 von der florentinischen Commune an die von San Geminiano als Gesandter geschickt wurde (s. Pelli Memorie, Ausg. 1823 p. 94. Balbo Vita di Dante p. 123.). Zwei Parteien, so fährt der Erzähler fort, kämpften in Florenz gegen einander. Dante that Alles, um sie zu versöhnen; als es ihm nicht gelang, beschloß er, das Gericht Gottes fürchtend, sich in das Privatleben zurückzubegeben; dann aber zogen ihn doch die eitlen Ehren, die Süßigkeit des Ruhmes wieder so sehr an, daß er, im Vertrauen auf seinen persönlichen Einfluß, die Lehren der Philosophie und alle warnenden Beispiele der Vorzeit von dem Falle des Ruhmes außer Acht lassend, sich abermals in das Gewirr der politischen Thätigkeit stürzte. Anfangs versuchte er eine dritte Partei, als die ausschließend gerechte, den beiden anderen gegenüber aufzustellen; als er jedoch dieses Bemühen vergeblich sah, schloß er sich an die ihm gerechter erscheinende von jenen beiden an und arbeitete mit ihr für das Heil des Vaterlandes. Aber die Verwirrung nahm mehr und mehr überhand, ja man griff zu Feuer und Schwert, bis die Partei Dante's, durch das Gerücht von ungeheuren Rüstungen der Gegner in Schreck gejagt, ihr Heil nur noch in der Flucht sah und die Stadt verließ. In den Tagen darauf wüthete das Volk gegen das Eigenthum der Vertriebenen, die Sieger gestalteten nach ihrem Sinne das Staatswesen um und verurtheilten die Häupter der Gegenpartei, unter ihnen vorzugsweise Dante, zu ewiger Verbannung und zum Verlust ihrer Güter, die theils in den Seckel des Staates, theils in den der Sieger fielen (pp. 27—30).

88) [Dante im Exile.] Dante selbst nennt in Parad. XVII. vv. 70—71. als seine erste Zuflucht im Exile „la cortesia del gran Lombardo", und daß er darunter einen aus der Familie della Scala, welche zu Verona herrschte, versteht, bezeichnet er deutlich durch die Angabe des Familienwappens in darauf folgendem Verse:
„Che 'n sulla scala porta il santo uccello"
Die Regierungsfolge der damaligen Fürsten von Verona ergibt sich aus Ferreti Vicentini historia (Murat. scriptt. T. IX. p. 1022 f.) und noch genauer aus dem Chronicon Veronense des Parisius de Cereta (Murat. scriptt. T. VIII. p 641.). Beide melten übereinstimmend mit Giov. Villani (VIII. 47.) den Tod des Alberto della Scala im Jahre 1301; darauf folgten nach einander die drei Söhne desselben, Bartolomeo bis in die Mitte des Jahres 1303, Alboino vom 7. März 1304 bis zum letzten December 1311, Cane Grande (geb. den 9. März 1291) vom Beginne des Jahres 1312 an. Wenn nun feststeht, was keinen Zweifel leidet, daß Dante zu Anfange des Jahres 1302 in's Exil ging, so ist der Irrthum Boccaccio's ersichtlich. Anstatt Bartolomeo's dessen Nachfolger Alboino anzunehmen, hindert wol die dem letzteren im Convito Tratt. IV. c. 16. ertheilte Rüge. Uebrigens fehlt für diesen ersten Aufenthalt Dante's bei denen della Scala jeder authentische Beweis und wir haben darüber nur die kurzen, einander widersprechenden Aussagen der Commentatoren und Biographen. Von den ersteren geben Pietro Dante, Ottimo Commento und Benvenuto Rambaldi übereinstimmend Bartolomeo an; von den letzteren schweigen Filippo Villani und Leonardo Bruni über die Person, Manetti und Landino nennen mit Boccaccio den Alberto, Bellutello dagegen den Alboino. Woher aber bei Giovanni Villani (XI. c. 94 resp. 93) anstatt Alboino der wunderliche Name Checchino, sowol in der Ausgabe von Muratori als in der neuesten Triester von 1857? Doch wol nichts anders als ein Lese- oder Druckversehen. Von den weiteren Aufenthalten Dante's, deren Boccaccio in Kürze und in solcher Weise gedenkt, daß wir sie bis zum Römerzuge Heinrich's VII. im Jahre 1310 annehmen müssen, kennen wir auch aus anderen Quellen äußerst Weniges. Zuerst wechselweise bald im Casentinischen Thale beim

Conte Salvatico; bald in der Landschaft Lunigiana beim Marchese Morcello (Moruello, Marvello, Manuello, Moronello, sogar Marcello) Malaspina; bald in den Bergen unweit Urbino bei denen della Faggiuola. Unter jenem Conte Salvatico ist Guido, ein Bruder des bekannteren Aleffandro da Romena, zu verstehen, den die florentinischen Verbannten, wie Leonardo Bruni berichtet, im Jahre 1304 an die Spitze eines kriegerischen Unternehmens gegen ihre Vaterstadt stellten (vgl. oben Anm. 22.). In der That zeigt ein Actenstück, deffen Datum leider zweifelhaft, indem es von Pelli (Memorie Ausg. 1758 p. 84. Ausg. 1823 p. 117.) in das Jahr 1307, von C. Troya (Del veltro alleg. p. 303.) mit Zuversicht in das Jahr 1304, von Fraticelli jedoch (Vita di Dante pp. 166. 194. Anm. 17.) mit mehr Grund in den Juni d. J. 1306 gestellt wird, unseren Dichter als Theilnehmer einer Zusammenkunft von Ghibellinen und Bianchi zu San Godenzo im casentinischen Thale Mugello, das zu dem Landgebiete jenes Guido Salvatico gehörte. Seinen Aufenthalt bei den Malaspina in Lunigiana, und zwar etwa für das Ende des Jahres 1306, bezeugt Dante selbst in der Form ihm geschehender Vorausverkündigung, Purg. VIII. v. 133. Außerdem aber liegen uns zwei Actenstücke, vom 6. Oct. 1306, über die Entsendung des Dichters von Seiten des Franceschino für sich und im Namen seiner Vettern Morcello (in beiden Urkunden Morroellus) und Corradino Malaspina als Procurator eines Friedensschlusses mit dem Bischof Antonio von Luni vor (s. Dantis Alighieri legatio pro Franciscbino Malaspina ad ineundam pacem cum Antonio episcopo Lunensi et constitutio pacis ann. MCCCVI denuo recognita et iterum in lucem edita consilio et sumptibus G. J. Bar. Vernon. Pisis ex officina Nistriana 1847; auch bei Fraticelli Vita di Dante p. 197. Anmm. 20. 21. Ueber die Familie der Malaspina f. Fraticelli, lettera ad A. Torri in studi inediti su Dante A. Firenze 1846. pp. 197—207; desgl. Fraticelli, Vita di Dante pp. 207 ff. 326 ff.). Ein etwas früheres Actenstück desselben Jahres, nämlich vom 27. August, läßt Dante als Theilnehmer einer Verhandlung in Padova erscheinen (Pelli Ausg. 1758 p. 83. Anhg. 1823 p. 115). Dann befand sich derselbe im Jahre 1307 oder 1308 in der Romagna, wo der Cardinal degli Orsini, Legat Clemens' V., die Ghibellinen begünstigte, und zwar zu Forli als Sekretär des von der Partei zum Generalcapitän erwählten Scarpetta degli Ordelaffi; dies bezeugt wenigstens der Historiker Flavio Blondo im 15. Jahrhundert, der Actenstücke zu Gesichte bekam, in denen Dante's oft Erwähnung geschieht (Del veltro alleg. p. 205.). Unter denen della Faggiuola, von welchen Boccaccio weiter spricht, kann er nur das hervorragende Haupt dieser Familie, den bekannten Uguccione, meinen, der zu wiederholten Malen die Würde des Podestà von Arezzo bekleidete und so eben wieder, nach fünfjährigem Exil, im Jahre 1308 als solcher dahin zurückgekehrt war. Hatte er vor dem Jahre 1300 als Hauptmann an der Spitze der Ghibellinen in der Romagna gestanden, so schloß er sie nun auf's Heftigste an; in demselben Jahre verabredete er mit seinem Schwiegersohne Corso Donati einen Anschlag auf Florenz, der jedoch mißlang und mit dem Untergange des letzteren endigte (Giov. Villani VIII. c. 96.). Wenn C. Troya vermuthet, daß diese gemeinsame Haltung beider, gewissermaßen eine beabsichtigte Theilung der Gewalt in Florenz unter ihnen, bei den damaligen Zeitumständen nach dem Sinne Dante's gewesen, der durch seine Frau aus dem Hause der Donati beiden Machthabern anverwandt war, so ist dies nichts weiter, als eine Vermuthung, und es läßt sich durchaus kein freundliches Verhältniß des Dichters weder zu Corso Donati, dem er zu hauptsächlich seine Verbannung verdankte, noch auch für jene Zeit zu Uguccione mit einiger Sicherheit nachweisen. Erst nach dem Tode Heinrich's VII. von Luxemburg, als die Anhänger der kaiserlichen Gewalt etwas zurücktraten und Uguccione allein noch es seinem Vortheil angemessen fand, an die Spitze der niedergeschlagenen Partei zu treten, und als Gebieter von Pisa und Lucca, wie Giov. Villani (IX. c. 54.) sagt, „große Dinge" vollbrachte, so besonders gegen den König Robert von Neapel und die Florentinen im Jahre 1315 den 29. August bei den Sieg von Montecatini erfocht (Giov. Villani IX. c. 70 ff.), da mochte unser Dichter — im Herbste desselben Jahres kam von dem königlichen Statthalter in Florenz die Erneuerung des Strafurtheiles gegen ihn (s. weiterhin Anm. 159.) — wol Veranlassung finden, dem glücklichen Sieger näher zu treten; in diese Zeit mag demnach sein Aufenthalt in Lucca treffen, deffen er Purg. XXIV. vv. 37—45. erwähnt. Und als der Gewaltige im folgenden Jahre durch den Verrath des Castruccio Castracani, der dann seine Stelle einnahm, der Herrschaft über Lucca verlustig ging und nach Verona zu seinem Freunde Cane della Scala sich wendete, dem er seitdem bis zu seinem Tode im Jahre 1320 als Kriegsbefehlshaber diente (Giov. Villani IX. cc. 78. 86. 121.), ist es nicht unwahrscheinlich, daß mit ihm auch Dante diesen Weg nahm und von da ab einige Zeit am Hofe zu Verona verweilte. Aber das Alles ist nur wahrscheinlich und kein Zeugniß liegt vor, das diese Vermuthungen C. Troya's zur Gewißheit erhöbe. Jedenfalls stimmen sie wenig zu dem Berichte Boccaccio's, der alle diese Aufenthalte, dazu noch einen kurzen in Bologna, von dem wir sonst gar nichts wissen, außer daß auch der Chronist Giovanni Villani desselben als eines Studienaufenthaltes um diese Zeit gedenkt (IX. c. 136), und einen abermaligen in Verona vor das Erscheinen Heinrich's von Luxemburg in Italien setzt und nach dem Tode desselben nur noch das letzte Verweilen Dante's in Ravenna kennt, worin er freilich irrt, wenn wir auch außer Stande sind, seine Mittheilungen in dieser Hinsicht überall genau zu rectifiziren. Noch einige andere Aufenthalte während des Exiles werden erwähnt: so bei (Guido da Castello in Reggio (Oberitalien), s. Benvenuto Rambaldi zu Purg. XVI. (Murat. l. p. 1207), und bei der Familie Paratico in Brescia, s. Pelli, Memorie Ausg. 1823. p. 134.

89) Siehe ob. Anm. 23.

90) Nach Paris, so erzählt Boccaccio, habe sich Dante begeben, als er jede Hoffnung auf Heimkehr in die Vaterstadt schwinden sah, und daselbst habe er sich ganz dem Studium der Theologie und Philosophie gewidmet und manches Versäumte in seinem Wissen nachgeholt. Wenn ihn von da, wie der Biograph versichert, die Nachricht von dem Unternehmen Heinrich's von Luxemburg nach Italien zurückrief, so haben wir mit Berücksichtigung der zuvor erwähnten Umstände den Pariser Aufenthalt etwa zwischen die Jahre 1308 und 1310 zu stellen (vgl. oben Anm. 81). Mit Recht macht E. Troya darauf aufmerksam, daß Boccaccio über denselben gut unterrichtet sein konnte, da sein Vater bei den Executionen der Templer in der französischen Hauptstadt (1310—14) zugegen war, wie er in seiner Schrift De casibus virorum illustrium, August. Vindel. 1544. p. 260., mittheile. Ob sich an den Aufenthalt in Paris zugleich ein Besuch in Oxford zu dieser oder in anderer Zeit knüpfte, muß unentschieden bleiben, da weder die Aeußerung darüber in dem ungedruckten Commentare des Giovanni di Serravalle, noch das „extremosque Britannos" in dem Carmen des Boccaceio, worin dieser die Reisen Dante's erwähnt (s. Arrivabene im Dante-Bartol. p. 202. Neuere Sep.-Ausg. p. 47), zur Beglaubigung genügen können.

91) Wann dieser spätere Aufenthalt Dante's am Hofe der Scala in Verona geendet, darüber liegt uns kein bestimmtes Zeugniß vor, so daß wir auch nicht wissen, ob er zur Zeit seiner Disputation de aqua et terra, die den 20. Januar 1320 (oder 1321?) stattfand, sich noch bei Can Grande in Verona befand oder zu diesem Zwecke von Ravenna dahin kam (s. ob. Anm. 20.). Von der Frivolität des dortigen Hoflebens und wie wenig sie dem ernsten Dichter behagen konnte, davon ging manches Geschichtchen von Mund zu Munde (s. Arrivabene in dem Abschnitt „Aneddoti" unmittelbar vor „Morte di Dante", und die Bemerkung bei Petrarca, Rerum memorabilium lib. II. c. 4. s. unten Anm. 176). Auch von einigen anderen zeitweiligen Aufenthaltsorten um die Jahre 1318 und 19 berichtet Tradition und darauf bezügliche Oertlichkeiten: so wird Gubbio genannt, der Wohnort des befreundeten Bosone de' Raffaelli, dessen Kinder Dante unterrichtet haben soll und unter dessen Namen ein den Inhalt der Commedia erklärendes Gedicht in terze rime bekannt ist (vgl. weiter unten Anm. 193); so das benachbarte Kloster di Fonte Avellana, dessen Lage am Berge Catria der Dichter selbst schildert (Parad. XXI. v. 106 ff.) und wo manche Erinnerungszeichen seiner gedenken; so auch Udine, wo ein Feld in einer Grotte bis zum heutigen Tage von den Bewohnern Dante-Sitz genannt wird. Ebenso nennt man noch gegenwärtig in Piulazzo, das den Malaspina gehörte, einen Dante-Thurm und ein Dante-Haus (siehe lettera di P. Fraticelli al Dott. A. Torri in studi inediti, Firenze 1846. p. 200.) Bezüglich eines wahrscheinlichen Aufenthaltes auf dem casentinischen Schlosse Poppi im Jahre 1311 vgl. oben Anm. 22.

92) Wann Dante seinen bleibenden Wohnsitz in Ravenna genommen, ist nicht genau festzustellen. Darf man der Aechtheit des oben angeführten, aus Venedig datirten Schreibens von ihm an Guido da Polenta, den Fürsten von Ravenna, und dem beigesetzten Datum trauen [s. ob. Anm. 34], so ergibt sich bereits für das Jahr 1314 ein näheres Verhältniß zwischen beiden, ja selbst ein friedliches Verweilen in der Stadt, so daß man eine zweimalige Anwesenheit des Dichters in Ravenna, und dazwischen seine Besuche in Lucca und Verona, annehmen müßte. Was die Behauptung der Franziskaner in Ravenna betrifft, daß Dante sich unter die Tertiarii ihres Ordens habe einschreiben lassen, weshalb er auch bei ihnen begraben worden sei, so ist in Ermangelung jedes anderen Zeugnisses weder etwas dafür noch dagegen zu sagen. Daß er in dem Kloster der frati minori beigesetzt wurde, berichtet auch Boccaccio; indeß nöthigt das noch nicht zu jener Annahme, da er doch in jedem Falle irgendwo ein kirchliches Begräbniß finden mußte. Die mir vorliegende Ausgabe des älteren Textes der Vita aus dem gegenwärtigen Jahrhundert [ohne sonstige Bestimmung, s. ob. Anm. 77.] hat als Todesjahr die unrichtige Zahl 1323 [p. 36] und ebenso die kleine Oktav-Ausgabe von 1544 unrichtiger Weise 1322, anstatt des hinreichend beglau-

bigten 1321, das sich sowol in dem ältesten Abdrucke der Vita von 1477 (Vindeliana) als in der verkürzten Edition, wie auch im Commento (l. p. 33) findet.

93) Die beiden Texte der Vita und das Commento zeigen in der Angabe des Alters eine fortschreitende Verbesserung: der ältere Text sagt: „essendo egli giá nel mezzo o presso del cinquantesimo sesto suo anno infermato," der jüngere: „essendo giá al quinquagesimo sesto anno della sua etá, e pervenuto infermo", das Commento (l. p. 20): „avendo giá il cinquantesimo sesto anno della sua etá compiuto". Diese letzte Angabe, als die allein richtige, findet sich ein paar Zeilen weiterhin im Commento (p. 33) noch ausdrücklich bestätigt in der Stelle, aus der wir zugleich den Mai als Geburtsmonat Dante's erfahren. Boccaccio beruft sich da nämlich auf die Mittheilung des dem Dichter befreundeten Ser Piero di Messer Giardino aus Ravenna mit den Worten: „affermandomi avero avuto da Dante, giacendo egli nella infermitá della quale e' mori, lui avere di tanto trapassato il cinquantesimosesto anno, quanto dal preterito maggio aveva infino a quel di". Wenn die beiden uns überlieferten lateinischen Grabschriften [s. die folgende Anmerkung] den Todestag durch „Septembris Idibus" bezeichnen, so soll das offenbar nicht streng als der 13. des Monates genommen werden, sondern in poetisch rednerischer Weise für den nächstfolgenden Tag mitgelten.

94) Zu jenen gehören der älteste Abdruck von 1477 (Vindeliana), der florentinische von 1723 und die verkürzte Edition; zu diesen die Sermartelli'sche Ausgabe von 1576 und die mir vorliegende aus dem gegenwärtigen Jahrhunderte trotz den im Texte selbst vorangehenden Ankündigung von 14 Versen. [Bezüglich der florentinischen Ausgabe von 1723 und der Sermartelli'schen von 1576 s. Pelli Memorie 1758. p. 102. Anm. 2. Ausg. 1823 p. 145. Anm. 13.] Eigenthümlich, daß die kleine Octav-Ausgabe von 1544, obwol sie ebenfalls von 14 Versen spricht, das Gedicht dann nicht folgen läßt, sondern die Stelle leer hat, als ob der Herausgeber einen Zweifel dabei nicht habe überwinden können.

95) Manetti's Angabe, daß die sieben Distichen zuerst das Denkmal schmückten, wird durch die um ein halbes Jahrhundert frühere des Filippo Villani bestätigt, welcher in seiner Vita Dantis bestimmt versichert, der Fürst von Ravenna habe befohlen, dieselben auf die Vorderseite des Sarkophages zu setzen. Manetti, von dessen Vita Dantis im dritten Abschnitte die Rede ist, starb im Jahre 1450, erlebte also nicht mehr die von Bernardo Bembo im Jahre 1483 vorgenommene Haupt-Restauration des Monumentes. Die sechs gereimten Hexameter aus demselben wurden geschont, und wie Pelli, Foscolo und Ampère bezeugen, befinden sie sich jetzt noch an der Front des Sepolcro. Sie lauten:

„Jura monarchiae superos Phlegetonta lacusque
Lustrando cecini voluerunt fata quousque.
Sed quia pars cessit melioribus hospita castris,
Auctoremque suum petiit felicior astris,
Hic claudor Dantes patriis extorris ab oris,
Quem genuit parvi Florentia mater amoris."

Paolo Giovio im 16. Jahrhunderte schreibt diese Verse, wie Pelli anführt, Dante selbst zu; die Aelteren dagegen wissen sämmtlich nichts davon. Bendenuto Rambaldi, der sie über die Einleitung seines Commentares geschrieben [mit der Variante reddit statt petiit im 4. Verse; auch Manetti hat zwei Varianten, nämlich im 3. Verse nostri statt cessit und edita statt hospita], versichert im Gegentheil in der Glosse zu Ges. XXX. v. 133. des Paradiso, wo er von dem Tode und der Bestattung des Dichters spricht, daß diese Grabschrift von Giovanni del Virgilio herrühre, freilich ohne sie an dieser Stelle selbst zu wiederholen oder näher zu bezeichnen (bei Murat. Antiqu. l. p. 1297). Auf welche Weise in den oben [vorige Anm.] erwähnten beiden Ausgaben der Vita die Zusammenstellung der sechs gereimten Hexameter mit den vorangehenden sieben reimlosen zu Stande gekommen, läßt sich ohne Besichtigung der Handschriften nicht erkennen; dem Inhalte nach) erscheinen sie als zwei verschiedene Grabschriften, worauf schon der Uebergang von der einzelnen Person (claudituг) zur ersten (cecini) hindeutet.

96) Was zunächst die bekannten Aeußerlichkeiten betrifft, so muß Jedem, der die Beschreibung des Boccaccio und allen Späteren mit den überlieferten Porträts von Dante vergleicht, in einem Punkt ein Widerspruch auffallen. Während nämlich die Biographen übereinstimmend sein volles und krauses schwarzes Haupt- und Barthaar („i capelli e la barba spessi, neri e crespi") hervorheben, erblicken wir ihn auf Abbildungen stets nur mit kahlen Wangen und Kinn. Der Grund ist offenbar kein anderer, als daß alle Bildnisse, die wir kennen, bis auf eines, ihren Ursprung in der von Dante's Antlitz abgenommenen Todtenmaske haben, zu deren Herstellung natürlich das Barthaar entfernt werden mußte; jenes eine aber ist das im Jahre 1840 entdeckte Jugendbild, das wir der Hand sei-

nes Freundes (Giotto verdanken und über dessen Bartlosigkeit sich Niemand wundern wird. Vollständiger über Dante-Bilder und Bildnisse habe ich in Nr. 7. des deutschen Museums von K. Prutz, Jahrg. 1860, gehandelt.
97) S. ob. Anm. 27. Nach Boccaccio's Mittheilung soll der Dichter einen Freund in Florenz, wie wenigstens der ursprüngliche Text sagt, inständig gebeten haben, sich für seine Rückkehr zu verwenden, wovon Dante's Brief selbst nichts erkennen läßt: dann nennt der letztere als die vorgeschlagenen Bedingungen der Rückkehr Erlegung einer Geldstrafe und öffentliche Demüthigung in der Kathedrale (solvere certam pecuniae quantitatem und pati notam oblationis), wogegen der Biograph an Stelle der Geldstrafe Gefängniß auf gewisse Zeit als die andere Bedingung anführt. Die verkürzte Edition fügt hier noch die bezeichnenden Worte nach Dante's brieflicher Antwort bei: „che Iddio togliesse via, che alcuno nel seno della filosofia allevato e cresciuto divenisse candeletto del suo commune", die ziemlich treu den Sinn der Originalstelle wiedergeben: „Absit a viro philosophiae domestico temeraria terreni cordis humilitas, ut more cujusdam cioli (scioli) et aliorum infamium quasi victus (vinctus), ipse se patiatur offerri!" Jenes „zur Wachskerze der Gemeinde werden" drückt die oblatio, den demüthigenden Bußgang, bei welchem der reuige Sünder eine Wachskerze tragen mußte, ganz treffend aus. Es scheint demnach kein Zweifel, daß der Verfasser des verkürzten Textes den Wortlaut des Dante'schen Briefes kannte.
98) „Se io vo, chi rimane, e se io rimango, chi va!"
99) In der verkürzten Edition fehlt diese kurze Auseinandersetzung der damaligen Verhältnisse, woran nicht viel verloren, da sie doch äußerst allgemein ist. Wenn der Verf. des älteren Textes erklärt, daß er von den Ursprunge der beiden Parteinamen Guelfen und Ghibellinen nichts wisse, so hilft er diesem Mangel in dem später geschriebenen Commento gründlich ab, indem er sich da umständlich, und ohne einen Zweifel zu äußern, auf den fabelhaften Ursprung von dem Zwiste der beiden deutschen Barone Guelfo und Ghibellino einläßt (W. pp. 15. 16. vgl. ob. Anm. 69.).
100) Comment. II. p. 80 ff.
101) Wie deren auch Franco Sacchetti, der jüngere Zeitgenosse Boccaccio's, in seinen Novellen erzählt, z. B. die Rügen Dante's gegen den Schmied sowie gegen den Eseltreiber, die bei gelegentlichem Singen den Text seiner Gedichte entstellten (Nov. CXIV. CXV. s. C. Balbo, Vita di Dante, Firenze 1853, pp. 188.189). Beide Geschichtchen sind nach Florenz verlegt: in dem ersten ist von einer Canzone die Rede, in dem zweiten von einem Stück aus dem „libro di Dante", was gemeinhin auf die Commedia gedeutet wird. Im Falle diese Deutung richtig, so hätte sie das besondere Interesse für uns, daraus ersehen zu können, daß der Novellist die Verbreitung einzelner Stücke der Commedia im Volke zu Florenz noch vor Dante's Vertreibung — denn später war er ja nie mehr dort — angenommen habe.
102) Conv. Tratt. I. c. 1. „E se nella presente opera, la quale è Convito nominata, e vo' che sia, più virilmente si trattasse che nella Vita Nuova, non intendo però a quella in parte alcuna derogare, ma maggiormente giovare per questa quella; veggendo siccome ragionevolmente quella fervida e passionata, questa temperata e virile essere conviene. Chè altro si conviene e dire e operare a una etade, che ad altra" etc. Die verkürzte Edition der Vita sagt übrigens nichts von solcher Verleugnung des Jugendwerkes.
103) Boccaccio vermuthet nämlich (p. 81), daß der Dichter ursprünglich die Absicht gehabt habe, in dem Convito alle seine Canzonen zu commentiren, während derselbe Tratt. I. c. 1. ausdrücklich nur von vierzehn spricht.
104) Gern hätte der Legat (Messer Beltrame Cardinale del Poggetto), wie Boccacio berichtet, dasselbe auch den Gebeinen des Dichters angethan, — die verkürzte Edition fügt bei: „se giustamente o no Iddio il sa" — wenn dies nicht ein edler Florentiner, Namens Pino della Tosa, der sich gerade damals in Bologna, wo die Sache vorgenommen wurde, aufhielt, und Messer Ostigo (Ostaglo) da Polenta durch ihr Ansehen bei dem Cardinale gehindert hätten.
105) p. 72: „e quello in rima vulgare compose con tanta arte, con sì mirabil ordine e con sì bello, che niuno fu ancora che giustamente potesse quello in niuno atto riprendere."
106) Die ursprüngliche Edition in dem mir vorliegenden Abdrucke gibt diese Verse unvollständig und mit verdorbenen Lesarten (p. 79); das Commento führt sie auch an, von Fehlern gereinigt, doch den dritten Hexameter ebenfalls nur halb (L p. 31); die verkürzte Edi-

tion der Vita hingegen hat die drei Verse vollständig und lesbar (p. XXIX), in folgender Weise: „Ultima regna canam fluido contermina mundo, Spiritibus quae lata patent, quae praemia solvunt Pro meritis cuique suis data lege tonantis."

107) Ueber den damaligen Bildungszustand in Italien spricht sich Boccaccio noch schärfer im Commento aus (l. p. 31), wo es heißt: Dante habe sich für das Volksidiom entschieden, als er sah, wie Virgil und die anderen lateinischen Dichter von den Vornehmen und Gebildeten ganz bei Seite gelegt wurden oder in die Hände gemeiner Leute fielen, und wie die Kenntniß der lateinischen Sprache bei den Vornehmen so selten geworden, daß, wenn sie ein lateinisches Buch lesen wollten, sie sich dasselbe erst in die Volkssprache übersetzen ließen. Es scheint jedoch, als wolle Boccaccio mit diesen Worten zugleich, oder vielleicht ausschließlich den Signori seiner Zeit einen Vorwurf machen; denn er bedient sich des Präsens: „de' quali se alcuno n' è che alcuno libro voglia vedere, e esso sia in latino, tantosto il fanno trasformare in volgare".

108) Wie in einem früheren Falle [s. oben Anm. 93], so zeigen auch in dieser Mittheilung die ursprüngliche Edition der Vita, die verkürzte Edition und das Commento eine stufenweise Vervollständigung. Bezeichnet die erste den Auffinder des Manuscriptes als „alcuno" [p. 73], so schon die zweite als „alcun parente di lui" [p. XXVI], und das Commento [II. p. 207 ff.], das den ganzen Vorfall anschaulich und im Zusammenhange erzählt, nennt auf's Genaueste Namen und Verwandtschaft. Eine Schwester Dante's nämlich sei an den florentinischen Bürger Leon Poggi verheirathet gewesen. Der eine von ihren Söhnen, Namens Andrea, habe ganz die Gesichtszüge seines berühmten Oheims gehabt, sich auch wie dieser etwas schief gehalten [„e così andava un poco gobbo"], sei übrigens ohne wissenschaftliche Bildung [„fu uomo idioto"], aber mit natürlichem Verstande begabt und von anständigem Benehmen gewesen. Von diesem erhält Boccaccio manche Mittheilungen über Dante, so auch die betreffende Geschichte empfangen zu haben. Als nämlich der Dichter mit seiner Partei aus Florenz gewichen und das Volk die Häuser der Vertriebenen plünderte, habe Dante's Frau auf den Rath von Freunden und Verwandten einige Kisten mit werthvolleren Sachen und mit Handschriften ihres Mannes aus ihrer Wohnung an einen sicheren Ort — der Codex Miccarbiano N. 108. nennt als solchen das Haus ihres Bruders Baccellieri be' Donati [Vitae Dantis etc. a Philippo Villanio scriptae, Florentiae 1826. p. 17. Anm. 1.] — bringen lassen. Auch die Besitzungen der Verbannten waren von dem Staate in Beschlag genommen worden. Als nun nach fünf oder mehr Jahren — eine Zeitangabe, die ganz gut zu dem verbürgten Aufenthalte Dante's bei den Malaspina paßt [s. oben Anm. 88.) — eine billigeres Regiment herrschte, durften die Angehörigen ihre Rechte an das Geraubte geltend machen, und auch Gemma wollte dies thun, wenigstens in Beziehung auf ihre Mitgift. Dazu bedurfte sie gewisser Schriftstücke, die in jenen noch unberührten Kisten lagen. Sie beauftragte ihren Neffen Andrea, der mit einem Anwalte die Durchsicht vornahm, wobei sie von Dante's Hand außer verschiedenen Sonetten und Canzonen auch das Heft, das die sieben Gesänge enthielt, fanden. Das Uebrige kann in bekannter Weise.

109) Inf. VI. vv. 67 - 69.

110) I. p. 413: „aggiunse al suo libro e tolsene, secondo che le cose avvenirano in fino ch' ebbe corretto lo libro a suo modo." Von den bekannten ältesten Commentatoren hat nur Benvenuto Rambaldi diese Wiederauffindungsgeschichte, und zwar am meisten übereinstimmend mit der ursprünglichen Edition der Vita (Murat. Antiq. I. p. 1042). Gululforto delli Bargigi zieht sie wieder an's Licht, mit den einleitenden Worten: „Comunemente dicesi." (p. 181).

111) Zu Ende des I. Bandes der Divina Commedia, giusta la lezione del codice Bartoliniano, Udine 1823; auch am Schlusse des 2. Bandes der Ausgabe von Ugo Foscolo, Londra 1842. Die Uebersetzung beginnt leider erst mit dem 13. Verse des 4. Gesanges und bricht ab mitten im 62. Verse des 7. Gesanges.

112) Proben von einer Reihe solcher Uebersetzungsversuche führt C. Witte vor in der Praefatio zu Dantis Allighierii Divina Comedia hexametris latinis reddita ab Abbate dalla Piazza Vicentino. Lipsiae 1848. Sumptibus Joan. Ambros. Barth.

113) p. 79. In der verkürzten Edition dagegen (p. XXIX) erklärt der Verf. die Widmung an Caue della Scala für das Glaublichere.

114) Die Signorie von Pisa erlangte Uguccione erst nach dem Tode des Kaisers im Jahre 1313, als dieselbe kein anderer Kriegsherr, so namentlich auch König Friedrich von Sicilien nicht, annehmen wollte (Glob. Villani IX. c. 54. f. ob. Anm. 88); an diese Widmung könnte demnach der Dichter nicht vor 1313 gedacht haben.

115) Conv. Tratt. IV. c. 6. zu Ende („E dico a voi Carlo e Federigo regi" etc.); De vulg. eloqu. l. c. 12. („Quid nunc personat tuba novissimi Federici?" etc.); Purg. VII. v. 49:
"Jacopo e Federico hanno i reami:
Del retaggio miglior nessun possiede";
Par. XIX. v. 130:
"Vedrassi l' avarizia e la viltate
Di quel che guarda l' isola del foco,
Dove Anchise finì la lunga etate,"
worunter natürlich kein Anderer als der König von Sicilien zu verstehen; Par. XX. v. 63, wo von Sicilien gesagt wird, daß es über Friedrich den Lebenden weine. Gegen diese Stellen will die eine, Purg. III. v. 116., wo die beiden Brüder Friedrich und Jacob „onor di Cicilia e d' Aragona" genannt werden, nicht viel sagen; denn erstens steht sie jener entschieben tadelnden (Purg. VII. v. 19.) allzunah, dann aber scheint das „onor" hier auch wirklich nichts Anderes als die königliche Ehre bedeuten zu sollen. Vergleicht man mit diesen Urtheilen das Leben und die Thaten Friedrichs, wie sie z. B. Giovanni Villani darstellt, so findet man die Strenge Dante's für die Jahre, in welche wahrscheinlich die Abfassung der genannten Schriften und der beiden letzten Theile der Commedia fällt, ganz begründet; denn obwol Friedrich zu den beharrlichen Gegnern der guelfischen Partei gehörte, so wich er doch während jenes Zeitraumes stets vor ernstlichen Hindernissen zurück und zeigte besonders bald nach dem Tode des Kaisers, indem er die gegen König Robert von Neapel um Schutz flehenden Pisaner mit dem Zurufe: „Fate, o fratelli, come potete!" ihrem Schicksale überließ, oder ihnen vielleicht gar seine Hülfe um die Abtretung Sardiniens verkaufen wollte, die ihm von Dante vorgeworfenen Laster avarizia und viltate an den Tag. Nur im Jahre 1302 leistete er dem päpstlichen Sendling Carl von Valois, der freilich kein erheblicher Gegner war, ernstlichen Widerstand; doch ein so weit zurückliegender Zeitpunkt dürfte schwerlich auf die vorliegende Frage zu beziehen sein. Es bliebe etwa nur die Zeit unmittelbar nach dem Tode des Kaisers, bevor König Friedrich seine Gesinnung gegen Pisa offenbart, für die Absicht einer Widmung des Paradiso übrig; aber diese Annahme ist so schwankend, als Boccaccio selbst bei seiner Mittheilung erscheint.

116) Joannis Bocaüi περὶ γενεαλογίας Deorum libri XV, cum annotationibus Jacobi Micylli. Basileae ap. Jo. Hervagium mense Septembri anno MDXXXII. p. 366: „Dantes noster Federico Aragonensi Sicilidum regi et Cani de la Scala etc. grandi fuit amicitia junctus." In der Italienischen Uebersetzung von Gioseppe Betussi (Venetia 1564) p. 235b. Zu bemerken ist dabei, daß diese Schrift, nach der Aufstellung von Baldelli, gleich dem Commento aus dem Jahre 1373, also aus den letzten Lebensjahren des Verf. stammt.

117) Das lateinische Original s. Del veltro allegorico de' Ghibellini, Napoli 1856. p. 357., sowie bei Fraticelli, Vita di Dante p. 357. Anm. 1.; eine Italienische Uebersetzung in Cef. Balbo, Vita di Dante, Firenze 1853. p. 289.

118) Eine besondere Landeswürde ist nicht angegeben, sondern nur: „Egregio et magnifico viro Domino Uguiccioni de Fagiola inter Italicos proceres quam plurimum praeeminenti".

119) „ad partes ultramontanas".

120) Die Absicht der Widmung ist in die unbestimmte Form gekleidet, daß, wenn der Fürst künftig einmal (aliquando) die anderen bei den Theile des Werkes werde sehen wollen, er den zweiten bei dem Markgrafen Morocllo erfragen möge, den dritten aber bei dem Könige Friedrich von Sicilien werde finden können. Aus diesen Worten ist ersichtlich, daß nach dem Sinne des Briefes nur der erste Theil, das Inferno, — denn wer könnte zweifeln, daß das opus die Commedia sein soll! — fertig war, die anderen beiden dagegen noch nicht vorlagen.

121) „Frustra enim mandibulis cibus ad ora lactentium admovetur."

122) Es ist zwar das „dixit pacem" nach der Frage „quid peteret aut quaereret" von Manchen als ein gewöhnlicher Gruß aufgefaßt worden; mir scheint jedoch mit Unrecht, und das „pacem" ist vielmehr als Object zu „peteret aut quaereret" zu nehmen, da sonst die in den anschließenden Worten des Briefes: „Hinc magis, ac magis exarsi ad cognoscendum de illo, cujus conditionis homo hic esset" ausgedrückte Verwunderung des Priors über die erhaltene Antwort keinen Sinn hätte.

123) pp. 75 ff.

124) Er starb im Jahre 1348 als eines der ersten Opfer der Pest, die Boccaccio in der Einleitung zum Decamerone so ergreifend geschildert hat.

125) Chroniche di messer Giovanni Villani cittadino Fiorentino, nelle quali si tratta dell' origine di Firenze, e di tutti e fatti e guerre state fatte da Fiorentini nella Italia etc. Stampate in Venetia per Bartholomeo Zanetti Castorzagense. Nel anno della incarnatione del Signore. 1537 del mese d' Agosto. Die erste Ausgabe umfaßt nur 10 Bücher, bis zum Jahre 1333. Vollständig, d. i. in 12 Büchern bis zum Jahre 1348, im 13. Bande von Muratori's Rer. italicar. scriptores pp. 1—1002. Die neueste Ausgabe bildet den 1. Band der Biblioteca classica Italiana pubblicata per cura del Dott. A. Racheli, Trieste, sezione letterario-artistica del Lloyd Austriaco 1857; der Text ist p. 63, col. 2. durch die falsche Jahreszahl 1137 statt 1162, welche die beiden älteren Ausgaben haben, entstellt.

126) Lib. IX. c. 136. (Ausg. von 1137 c. 133. bei Murat. c. 134).

127) Lib. VIII. c. 36: „ed io il posso testimoniare, che vi fui presente e vidi": — „e così negli anni 1300 tornato da Roma, cominciai a compilare questo libro."

128) In der Ausgabe bei Muratori ist unmittelbar vor diesem Capitel (34) ein anderes eingeschaltet, aus dem Cod. del Recanati, das sich offenbar als später eingeschoben ausweist. Es gibt einige Auskunft über das Grabmonument in Ravenna, thellt die Distichen des Giovanni del Virgilio mit und beginnt demgemäß natürlich mit der Berichtigung: „Nel detto anno 1321 del mese di Settembre il di di santa croce mori" etc. Hierauf folgt nun trotzdem das Capitel Villani's noch einmal in ursprünglicher Fassung. Frühzeitig also nahm man Anstoß an der falschen Monatsangabe bei Villani.

129) „e in più parti del mondo."

130) „Fu alquanto presuntuoso e schifo e isdegnoso, e quasi a guisa di filosofo mal grazioso non have sapea conversare co' laici."

131) So erfahren wir aus der Vorrede des Herausgebers der Vitae von 1826 (f. Anm. 133), zugleich aus dem Eingange der Vita Dantis selbst.

132) Le vite d' uomini illustri Fiorentini, scritte da Filippo Villani, ora per la prima volta date alla luce colle annotazioni del Conte Giammaria Mazzuchelli accademico della Crusca. Venezia 1747 presso Giambatista Pasquali. Hiernach unverändert abgedruckt im 2. Bande der Biblioteca classica Italiana, Trieste 1858, der die Chroniche des Matteo und Filippo Villani enthält, pp. 414—459.

133) Vitae Dantis, Petrarchae, et Boccaccii a Philippo Villanio scriptae ex codice inedito Barberiniano, Florentiae, typis Magherianis 1826; die Vita Dantis pp. 1-40.

134) „— carus — acceptus omnibus — dum officiosus civis gloriae patriae et exaltationi toto studeret animo" etc. pp. 13. 14.

135) „lautae delicataeque vitae laudator."

136) Villani scheint dies in der That zu meinen, indem er beifügt: „tum in inventione, tum in compositione, et editione"; er kann sich nicht vorstellen, daß ein kürzerer Zeitraum zur Vollendung eines Werkes, in welchem die ganze Philosophie und Theologie und so vieles Andere enthalten sei, hingereicht haben sollte, und bezeichnet diejenigen, welche, wie Boccaccio, ein und zwanzig Jahre für genügend erachten, als „obtusius intelligentes".

137) Eigenthümlich ist bei Villani, bezüglich der Wiederentdeckung der sieben ersten Gesänge, die Angabe, die Frau Dante's habe ohne Wissen des Mannes, als die Unruhen bereits drohten, aus Besorgniß die werthvollsten Sachen sammt den Handschriften desselben, in Kisten verpackt, heimlich an einen sicheren Ort bringen lassen. Als dann ("per dies") die Wuth des Volkes und die Gemüther des Adels sich beruhigt und ein Gesetz den Frauen der Vertriebenen die Einforderung ihres persönlichen Eigenthums gestattete, da habe Dante's Frau durch einen Menschen sich ein Beglaubigungsschreiben aus den verpackten Sachen heraussuchen lassen. Der aber war vertraut mit der Poesie und nahm die Gelegenheit wahr, in des Dichters Handschriften zu stöbern; so fand er die sieben Gesänge, die er der Unwissenheit der Frau als etwas Werthloses abschwatzte. Den Dino nennt Villani einen semipoeta. (Vgl. Anm. 108.) Was die wunderbare Auffindung der letzten Gesänge betrifft, so berichtet der Biograph (p. 37 ff.), abweichend von Boccaccio, daß der Dichter das zum Werke Fehlende bereits verschiedenen Personen zum Durchlesen gegeben, was den Schmerz über den Verlust der Handschrift um so empfindlicher machte. Auch gibt Villani nicht wie Boccaccio die Zahl dieser letzten Gesänge an, sondern sagt nur: „cantus plerosque, qui comoediam tertiam consummarent". Von den Aeußerungen des Abgeschiedenen wird nur die letzte: „hic, hic, hic, fili mi, quod anxie quaesitum desperastis" mit Worten angeführt, wofür Boccaccio das einfachere „egli è qui quello che tanto avete cercato" hat. Außerdem finden wir bei Villani die Angabe, daß Jacopo, der Sohn des Verstorbenen, sofort nach dem Traumbilde mit Brüdern, Freunden und Nachbarn — bei Boccaccio dagegen ist nur noch von einem Zweiten die Rede — das Schlafzimmer durchsucht, auch daß der Dichter

an bem verborgenen Orte seine Handschriften vor unberufenen Lesern zu bewahren pflegte. Die Verschiedenheit der Mittheilungen von dieser Geschichte ist wenigstens ein Beweis, daß sie blei im Munde der Leute war.

138) Dahin gehört z. B. die willkürliche Ableitung des Familiennamens Frangipanes von frangere panem, weil Einer aus dieser Familie dem hungernden Volke in Rom Brot gegeben habe; von Helifeus, der sich, von der Schönheit des Ortes gefesselt, in Florenz niederließ, wird erzählt, er sei mit Carl b. Gr. bei der Wiedererbauung der Stadt auf den Aschentrümmern, die Attila zurückließ, gegenwärtig gewesen.

139) Villani sagt nämlich p. 7.: "Hanc ingenuam veritatem (daß die Frau des Caeciagulba aus Parma stamme) modernus quidam, ut Hestensi alluderet Marchioni, conatus est obumbrare, poetico affirmans commento de Frangipanibus quemdam, nescio quem, ab antiquo Ferrariae firmasse coloniam, indeque per posteros migrasse Florentiam" etc. In dem Commento des Benvenuto ist eine solche Stelle nicht zu finden.

140) Boccaccio p. 11. Benvenuto bei Muratori p. 1275. Ottimo Commento III. p. 360. Anm. 130., wo übrigens abgesehen davon, bezüglich des Moronto und Elifeo einiges Verkehrte zu lesen ist.

141) p. 23. Doch ist der Text an dieser Stelle nicht ganz klar. Vgl. Anm. 34.

142) Geboren im Jahre 1370, von seinem Geburtsorte Arezzo gewöhnlich auch ohne Weiteres Aretino genannt, deshalb nicht mit Carlo Marsuppini zu verwechseln, der sich aus demselben Grunde ebenso nannte; er starb 1443. Es findet sich zu seinem Gedächtniß eine Leichenrede des berühmten Poggio im 3. Theile von Stephani Baluzii Miscellaneis. Paris 1680, pp. 248—262, und darin p. 258. die Bemerkung: "Deinde summa elegantia dialogum quendam edidit, in quo cum primo libro viros praestantissimos ductissimosque Dantem, Franciscum Petrarcham, Johannem Boccatium, eorumque doctrinam, eloquentiam, opera impugnasset, secundo in superioris excusationem ipsorum et virtus laudata est"; dann werden zwar noch die 12 Bücher seiner florentinischen Geschichte erwähnt, aber mit keinem Worte eine Vita di Dante. Diese ist abgedruckt in der Antonio Zatta'schen Ausgabe der Divina Commedia, Venezia 1757, Tom. I. pp. I—X. und in der Ausg. der Div. Commedia von Gaetano Poggiali, Livorno 1807, Tom. III. pp. 1—17.

143) "Nè questo faccio per derogare la Boccaccio, ma perchè lo scriver mio sia quasi un supplimento allo scriver di lui."

144) Nach Bruni's Bestimmung wohnten Caeciagulba, seine Brüder und Vorfahren in der Nähe ("quasi in sul canto") der Porta San Piero, da wo man eintritt vom Mercato Vecchio in die Häuser, die noch heut nach dem Elisei genannt werden, die Albighieri hingegen auf dem Platze hinter San Martino del Vescovo, der Straße gegenüber, die nach dem Hause i Sacchetti führt, nach der anderen Seite gegen die Häuser der Donati und Giuochi hin. Diese Angaben stimmen so ziemlich mit den späteren des Benedetto Varchi, Storia Fiorent. lib. IX. c. 34. (zu Ende). Damit zusammenzuhalten ist die gewiß zuverlässige Bemerkung des älteren Villani, deren oben gedacht wurde, daß Dante am Thore San Piero gewohnt habe.

145) Von Brunetto Latini wird bei dieser Gelegenheit gesagt, er habe sich, gleich den Verwandten, des früh verwaisten Knaben ermahnend und rathend angenommen.

146) Doch macht er eine Andeutung, wo er von Dante's Theilnahme an der Schlacht bei Campaldino spricht, indem er meint, Boccaccio hätte besser gethan, dieser Waffenthat des Jünglings zu erwähnen, als seiner neunjährigen Liebe und ähnlicher Geringfügigkeiten, mit dem Zusatze: "Ma che giova a dire? La lingua pur va dove il dente duole; e a chi piace il bere, sempre ragiona di vini".

147) "Fu usanse in giovanezza sua con giovani innamorati, ed egli ancora di simile passione occupato, non per libidine, ma per gentilezza di cuore."

148) Nach der weiterhin folgenden Briefstelle Dante's soll sich dieses Gefecht 10 Jahre vor seinem Priorate, also im Jahre 1290, zugetragen haben. Daß diese Zeitbestimmung nur ungefähr gemeint sein kann, geht aus Giov. Villani's Chronik lib. VII. c. 131. hervor, wo genau der 11. Juni 1289 angegeben wird; dasselbe Datum hat Dino Compagni (la Cronaca Fiorentina, in Prato 1846. p. 25), beide mit dem bestätigenden Zusatze „il di di san Barnaba". Campaldino liegt in der Nähe von Certomondo, ebenso von Poppi, weshalb das Treffen von Villani nach jenem, von Dino Compagni nach diesem Orte bezeichnet wird. Die genaueren Umstände des Ereignisses bei Leonardo Bruni finden sich so bei keinem der beiden Chronisten. Nach dem Berichte von Jenem begab es sich, daß die Reiter der Aretiner, welche gegen Florenz kämpften, zu Anfang die florentinischen Reiter, deren erstem Geschwader der junge Dante angehörte, hart bedrängten und verfolgten, dabei

sich jedoch zu weit von ihrem Fußvolk entfernten und deßhalb selbst gleich diesem, weil sie
sich gegenseitig nicht mehr unterstützen konnten, von den Florentinern, bei denen gerade der
umgekehrte Fall stattfand, geschlagen wurden, so daß die letzteren einen vollständigen Sieg
erfochten. In den Reihen der Aretiner kämpften ghibellinische Verbannte aus Florenz, wie
umgekehrt in dem Heere der Florentiner guelfische Verbannte aus Arezzo; wegen dieser Theilnahme
der bezeichneten Partelen wurde die Niederlage nicht als eine Niederlage der Aretiner,
sondern als der Ghibellinen aufgefaßt, und in diesem Sinne lautet, auf die Schlacht
bezüglich, die Inschrift im Palaste zu Florenz: „Sconfitti i Ghibellini a Certomondo" und
nicht: sconfitti gli Aretini. Auch in der florent. Geschichte (Leonardi Aretini Historiar.
Florentinar. libri XII. ed. Sixti Brunonis, Dobelensis, Argentorati, sumptibus Lazari
Zetzneri bibliop. 1610) im Anfang des 4. Buches (p. 64) beruft sich Bruni bei Darstellung
der Schlacht auf diesen Brief Dante's.

149) Die wesentliche Stelle lautet: „Da questo Priorato nacque la cacciata sua,
e tutte le cose avverse che egli ebbo nella vita, secondo lui medesimo scrive in
una sua epistola, della quale le parole son queste: — Tutti li mali, e tutti l' inconvenienti
miei dalli infausti comizj del mio Priorato ebbero cagione, e principio; del
quale Priorato benchè per prudenza io non fussi degno, nientedimeno per fede e
per età non ne era indegno; perocchè dieci anni erano già passati dopo la battaglia
di Campaldino, nella quale la parte Ghibellina fu quasi al tutto morta e disfatta,
dove mi trovai non fanciullo nell' armi, e dove ebbi temenza molta, e nella fine
grandissima allegrezza per li vari casi di quella battaglia: — queste sono le parole
sue." Wahrscheinlich schloß sich hieran in dem Briefe Dante's die Beschreibung der
Schlacht.

150) „Il Boccaccio se ne passa così asciuttamente, che forse non gli era così
nota, come a noi per cagione della storia che abbiamo scritta." Die Erzählung von
Dante's Priorat in Bruni's florent. Geschichte (p. 74) ist etwas weniger speziell als in der
Vita, stimmt aber sonst mit dieser überein. Von den Mitprioren wird keiner genannt, auch
nicht das Datum der Trinitatis-Verschwörung, und der Einfluß Dante's ebenfalls als so
bedeutend dargestellt.

151) Lib. VIII. c. 38 ff.

152) Dino Compagni's Cronaca Fiorentina in Tom. IX. von Muratori's Rer. Italicar.
scriptores pp. 463—536. Eine neuere kleine Handausgabe unter dem Titel: „La
Cronaca Fiorentina, la diceria a papa Giovanni XXII. e alcune rime di Dino Compagni.
In Prato, per Ranieri Guasti 1846. Villani bestätigt seine persönliche Anwesenheit
in Betreff des 5. Novembers 1301, wo Carl v. Valois in der Kirche di Santa Maria
novella die Gewalt übernahm, c. 49: „e io scrittore a queste cose fui presente";
Dino Compagni die seinige schon für das vorhergehende Jahr, wo er sich mit unter den
Versammelten der Trinitatiskirche befand, p. 60 (24) und so mehrerental.

153) p. 120 (48).

154) Villani c. 42. Dino Compagni p. 50 (23): „un dì".

155) Istor. Fiorent. II. c. 16 ff.

156) Villani c. 49. Dino Compagni p. 117 (47). In der florent. Geschichte (p. 76)
spricht sich Bruni noch nicht so entschieden, als in der Vita, über das Betrügerische der Anklage
aus, nämlich in folgender Weise: „Quidam enim principes diversae factionis contra
statum Reip. conjurasse dicebantur, et Petrum quendam Ferantis, unum ex proceribus
Caroli ad res novandas magnis pollicitationibus pellexisse. Horum sigilla
proferebantur, pacta conventa legebantur: rem tamen plerique compositam fictamque
putaverunt. Alii invitatos deceptosque a Gallo existimabant fuisse. Ob eam
conjurationem, seu fictam seu veram, tres nobilissimi et potentissimi cives in periculum
vocabantur etc." Aus dieser Stelle geht wol mit Sicherheit hervor, daß die Vita
später geschrieben ist.

157) Villani c. 49 (zu Ende). Dino Compagni p. 119 (48).

158) Pelli, Memorie, Ausg. von 1758 p. 76. Anm. 6. Ausg. 1823 p. 105. Anm. 42.
Balbo, Vita di Dante p. 180, in beiden nur auszugsweise; vollständig bei Fraticelli, Vita
di Dante p. 147. Anm. 21.

159) Balbo p. 181. Fast vollständig bei Pelli, Memorie, Ausg. 1823 p. 106. Anm.
43, und Arrivabene, il secolo di Dante, erste Ausg. Im 3. Bande des Dante-Bartoliniano
p. 636; ganz unverkürzt bei Fraticelli, Vita di Dante p. 151. Anm. 23. Weiterhin theilt
ebenderselbe, p. 212. Anm. 28, auch das Document der im Jahre 1311 erfolgenden Amnestie
mit („quae appellatur Reformatio Dom. Baldi de Aguglione"), von welcher jedoch
Dante sammt einer Schaar von gegen 1000 Personen ausgeschlossen war, sowie p. 253.

Anm. 9. die erneuerte und geschärfte Sentenz vom 6. November 1315 gegen verschiedene Verbannte, darunter auch Dante mit seinen Söhnen.
160) p. 141 und Anm. der folgenden Seite.
161) Dieses Verzeichniß, soweit es hier von Interesse, ist abgedruckt in der Vita Dantis a J Maria Philelpho scripta, Florent. 1828. p. 29. Anm. 1. und zwar nach dem Priorista Fiorentino istorico pubbl. dal Rastrelli, in folgender Weise:

Noffo di Guido Buonafedi,
Neri di Mess. Jacopo del Giudice Alberti,
Nello d' Arrighetto Doni,
Bindo di Donato Bilenchi,
Ricco Falconetti,
Dante Alighieri; dazu noch
Fazio da Micciole, Gonfaloniere.

Als die Amtsperiode dieser Prioren werden die zwei Monate vom 15. Juni bis 15. August angegeben. Von der Theilnahme Dante's an den Berathungen der vereinigten Zünfte (in consilio capitudinum), sowie der mitvereinigten anderen Rathskörper (in consiliis centum, generali et speciali, et capitudinum), nach seinem Priorat, nämlich im Jahre 1301 vom 14. April bis 19. Juni, erfahren wir Interessantes aus den archivalischen Auszügen bei Fratieelli, Vita di Dante pp. 136—138, wo insbesondere Dante's wiederholte entschiedene Ablehnung eines Antrages „de servitio domino Papae faciendo de centum militibus" von Belang ist.
162) p. 60 (24): „E Messer Palmieri Altoviti, che allora era de' Signori" etc.
163) Wäre nicht doch auch, bezüglich der Authenticität des Priorista, in Anschlag zu bringen, daß Marchionne Stefani, von dem dieses Verzeichniß herrühren soll, wol derselbe Marchionne oder Melchionne di Coppo Stefani ist, der sich als Verleumder der h. Katharina und ihres Schülers Giannozzo Sacchetti einen so üblen Namen bereitet? Vgl. darüber meinen Aufsatz im Neuen Lauf. Magazin Bd. 37. S. 304 ff.
164) „per offerire la concordia e la pace de' cittadini."
165) Vgl. oben Anm. 88.
166) „Disegna un angelo sopra certe tavolette", Opere minori II. p. 113.
167) Specimen historiae litterariae Florent. s. Vitae Dantis, Petrarchae ac Boccaccii a cel. Jannotio Manetto saec. XV. scriptae, recensente Laurentio Mehus, Florentine 1747.
168) „ut jejune et exiliter quasi mendicans in angustiis nescio quibus compingeret atque in angulis quibusdam coarctaret, et non ex rerum gestarum ubertate affluenter redundaret ac paulo latius explicaret."
169) „quae (sc. litterae) cum aliis quibusdam publicis scriptis etiam nunc temporibus nostris in palatio visuntur."
170) pp. 36. 49
171) pp. 30—33. vgl. Giov. Villani VIII. c. 120. IX. cc. 37. 43. 45. 47. 52. Nur die Bemerkung, daß Heinrich durch seine Gesandten von den Florentinern forderte, „ut in urbe sua receptaculum sibi praepararent" findet sich nicht bei Villani; bezüglich des strafenden Briefes von Dante an die Florentiner läßt sich schon aus dem „intrinsecos" (sc. Florentinos) die Kenntniß des Originalschreibens vermuthen, vgl. ob. Anm. 20.
172) p. 40, wo die teils unrichtige, teils schwankende Bemerkung: „Parisius (statt Parisiis, wie öfter im Mittelalter) forte aderat, quo se post Federici (so statt Henrici!) augusti obitum, ut antea diximus (doch wo?) mox retulerat."
173) p. 37: „in capella praetoris urbani"; dieses ist das herrliche Jugendportrait, das im Jahre 1840 wieder entdeckt wurde. Vgl. ob. Anm. 98.
174) p. 44. Nach der Erzählung Boccaccio's lauten Dante's Worte: „Se io vo, chi rimane, e se io rimango, chi va"; Filippo Villani übersetzt sie durch: „Si vado, quis remanet, si maneo, quis vadit" (p. 13); Manetti dagegen meint: „Sed ea quae materno sermone dixisse perhibetur, lepidiora sunt" und fühlt sich deshalb gedrungen zu folgender Breitschlagung: „Si sententiae vestrae, ut par est, acquievero, injunctaeque legationis munus vobis obtemperatis obiero, quis ad rei publicae gubernationem remansuris est? sin minus, quis hujus legationis dignus princeps et caput erit?"
175) Vollständig abgedruckt in der Einleitung von Mehus zur Vita des Manetti.
176) Die Antwort Dante's giebt Polentone mit den Worten: „id evenire, quod similes sui multos histrio, ipse vero nullum haberet." Bei Petrarca hat die Antwort freilich eine etwas abweichende Form: „Minime mirareris, si nosses, quod morum pa-

ritas et similitudo animorum amicitiae causa est." Petrarca, Rer. memorabilium lib. II. c. 4. (de ironia) in Oper. Genevae 1610. Tom. II. p. 152.

177) Vita Dantis Aligherii a J. Mario Philelpho scripta nunc primum ex codice Laurentiano in lucem edita et notis illustrata. Cura Domenico Moreni. Florentiae, ex typographia Magheriana. 1828. Die Vorrede des Herausgebers enthält interessante Mittheilungen über verschiedene ältere Dante-Bildnisse, auch über die seit dem Jahre 1396 zu wiederholten Malen austauchende Absicht der Florentiner, dem Dichter ein Denkmal zu setzen und seine Gebeine von Ravenna zurückzuverlangen.

178) Reichhaltige Belehrung über das Leben und Treiben dieser Litteratenkreise gewährt „die Wiederbelebung des classischen Alterthums oder das erste Jahrhundert des Humanismus," von Dr. Georg Voigt. Berlin, Georg Reimer 1859.

179) „qui Dantem, ut ita dixerim, imbibi totum."

180) „propriis sim oculis multa conspicatus hujus opera".

181) An Pietro de' Medici und Tommaso Soderini d. d. Veronae XIII. Cal. Jan. 1468. Beide waren im vorigen Jahre als Gesandte zur Friedensvermittlung in Verona und forderten den Briefsteller zu einem Besuche in Florenz auf. In den letztverflossenen Monaten kam er dieser Einladung nach; die Aufforderung indeß, ganz nach Florenz überzusiedeln, will er doch erst reiflich in Ueberlegung ziehen, inzwischen aber verspricht er, seinen Sohn, sobald er herangewachsen, dem Familien-Vaterlande zurückzugeben. Als Zeichen seiner Erkenntlichkeit überschickt er die jüngst erschienene Vita seines Ahnen von dem lorbeergekrönten M. Filelfo, für ihre eigenen Mußestunden und zur Lectüre für Andere, denen sie das Werkchen anvertrauen würden.

182) So führt Filelfo z. B. p. 27. dieselben Beispiele für die Unschädlichkeit des Heirathens an, wie Bruni; ebenso gibt er weiterhin das Bruni'sche „asciuttamente", bezüglich Boccaccio's, durch sicco pede wieder.

183) „Delectabatur lyra, musicoque concentu", p. 28.

184) „ambos absentes ad Pontificemque collegas", was nach dem Wortlaute bei Bruni allerdings vermuthet werden könnte. Die Annahme Filelfo's aber findet ihre entschiedene Widerlegung durch Dino Compagni, der die Namen der vier Abgesandten anführt, nämlich Ubaldino Malavolti, Maso di Messer Rugglerino Minerbetti, Corazza da Signa und Dante; man muß sie freilich an zerstreuten Stellen zusammensuchen, Cronaca Fiorent. in Prato 1846 pp. 71. 85. 120. 124.

185) „cui nomen erat Gemma, vere, inquam, et moribus et specie gemma".

186) „(voluissem Boccaccium) non *eam* expressisse levitatem amoremque annorum novem, quem ego in Dante fuisse nunquam existimarim, sed fictam censuerim esse rem omnem" und weiter: „Ita Boccaccius amantium princeps Beatricis amorem, virtutis inquam, ac beatitudinis jucunditatem secundum carnis voluptatem judicavit."

187) „nonnunquam vero ne solus sapere videretur, amare se fingebat."

188) Auch sagte er dann zu ihnen: „Cur et vos non idem facitis, ne desidia langueatis?"

189) „apud quos (sc. principes Ravennates) tamdiu vixit, quamdiu reliquum fuit vitae quicquam"; doch wird nicht etwa vorher ein bestimmter Zeitpunkt angegeben, von welchem aus zu rechnen wäre.

190) So p. 46: „Cum illo (es ist von Arezzo die Rede) trajecissent (sc. exules), et exercitum in facinorosos Albos (!) statuerunt, et ejus Imperatorem Alexandrum Romensem comitem decreverunt" etc.; vielleicht auch p. 62, wo gesagt wird, Dante habe öfter eine große Schaar von Anhängern zusammengebracht „in alterius factionis Albos."

191) „Estensis márchio incredibili dignitate Canis Grandis."

192) „Sed ea dumtaxat refero, quae certo scio, quaeque ipse vidi, cetera non ausim affirmare".

193) Der Anfang des Buches de Monarchia lautet nach Filelfo: „Magnitudo ejus, qui sedens in throno cunctis dominatur, in coelo stans omnia videt, nusquam exclusus, nullibi est inclusus, ita dividit gratia munera, ut mutos aliquando faciat loqui"; der des Buches de vulgari eloquio (Filelfo schreibt, abweichend von den besseren Handschriften, eloquentia, wie der ältere Villani, Boccaccio und Bruni): „Ut Romana lingua in totum est orbem nobilitata terrarum, ita nostri cupiunt nobilitare suam; propterque difficilius est hodie recte nostra quam perite latina quicquam dicere" etc.

194) Beide befinden sich in den oben angeführten Ausgaben von Torri und Fraticelli den lateinischen Texten gegenüber. Die Uebersetzung von Trissino erschien bereits im Jahre 1529 zu Vicenza gedruckt, der lateinische Text erst 1577 zu Paris; die Uebersetzung von

Fleino zum ersten Mal in den Opere minori di Dante von Fraticelli im Jahre 1839 zu Florenz, der lateinische Text schon 1759 zu Basel.

195) „Facturo mihi de rebus nostris verba subverendum est, ne quid temere dicam, ne quid incomposite" oder, wie am Rande die vorgedilchen italienischen Original-Worte: „Dovendo io de' fatti nostri favellare, molto debbo dubitare di non dir con presunzione, o mal compositamente cosa alcuna" etc. Auch ein lyricum carmen über sein Exil, lateinisch abgefaßt, wird Dante zugeschrieben, und Filelfo versichert, es ebenfalls selbst gesehen und gelesen zu haben.

196) Filelfo bezeichnet die vorhandenen Briefe Dante's als „innumerabiles" und führt davon folgende drei unbekannte mit ihren Anfangsworten an, an den König von Ungarn: „Magna de te fama in ommes dissipata, Rex dignissime, coëgit me indignum exponere manum calamo et ad tuam humanitatem accedere", an Papst Bonifaz VIII.: „Beatitudinis tuae sanctitas nihil potest cogitare pollutum, quae vices in terris gerens Christi totius est misericordiae sedes, verae pietatis exemplum, summae religionis apex", und an seinen Sohn in Bologna: „Scientia, mi fili, coronat homines, et eos contentos reddit, quam cupiunt sapientes, negligunt insipientes, honorant boni, vituperant mali".

197) „Commentarios ego illos integros habeo et illis delector maximopere".

198) Filelfo berührt diesen Punkt, indem er da, wo er von Dante's Handschrift spricht, zugleich bemerkt, daß derselbe, soweit es ohne Kenntniß der griechischen Buchstaben (litterarum graecarum) möglich, streng die Rechtschreibung festzuhalten pflegte; auch Manetti versichert am Schlusse seiner Vita des Boccaccio, Dante sei des Griechischen völlig unkundig gewesen. Und wer die Beispiele von corrupten griechischen Wörtformen in dem Convito IV. c. 6: „autentin" als Stamm des Wortes autore (entweder für $\alpha \dot{v} \vartheta \acute{\varepsilon} v \tau \eta \mu \alpha$ oder $\alpha \dot{v}\vartheta \acute{\varepsilon} v \tau \eta \varsigma$ im Accusativ), c. 21: „hormen" (wieder für $\ddot{o} \varrho \mu \eta \mu \alpha$ oder $\dot{o} \varrho \mu \acute{\eta}$ im Accusativ) und „alleon" in dem Briefe an Can Grande (so nach der besseren Handschrift anstatt $\dot{\alpha} \lambda \lambda o \tilde{\imath} o v$, s. Somasco's oben in Anm. 30. erwähnte Ausg. der Epistola p. 22), wovon allegoria abgeleitet wird, in Betrachtung zieht, der wird jener Vermuthung beistimmen müssen. Auch in der Commedia finden sich griechische Wörter; aber niederum das einzige „entomata" als Plural von $\mathring{\varepsilon} \nu \tau o \mu o \nu$ (Purg. X. v. 128) läßt deutlich wahrnehmen, daß der Dichter wol einzelne Wörter kennen gelernt haben mochte, doch nicht einmal der Flexion derselben mächtig geworden war. Aus dem apokryphen Dante'schen Sonette „Tu che stanzi lo colle ombroso e fresco" (Opere minori I. p. 288), worin dem Bosone de' Raffaelli in Gubbio zu den Fortschritten seines Sohnes in der griechischen und französischen Sprache Glück gewünscht wird, einen Schluß auf Dante's Lehrgeschick und Kenntniß in beiden Sprachen zu ziehen, verbietet schon die Trockenheit des Gedichtes, die einen gewöhnlichen Reimer, nicht Dante, als Verfasser erkennen läßt; zu kommt, daß die Handschrift des Sonettes, auf dessen Besitz sich die Bewohner von Gubbio als eines Dante'schen Autographon's viel zu Gute thun, die unverkennbaren Spuren der Unächtheit an sich trägt, wie Ampère in seinem Voyage Dantesque berichtet (s. La Grèce, Rome e Dante, études litteraires d'après nature par M. J. J. Ampère, nouvelle édition, Paris 1859, p. 292). Belli (Memorie, Ausg. 1823 p. 137) hält dagegen das Gedicht für ächt und führt außerdem eine Stelle aus der Teleutelogia des Ubaldo di Bastiano von Gubbio an (handschriftlich in Florenz), worin dieser sagt, er habe von Dante „lettere Grecche" gelernt; aber über den wirklichen Verfasser dieses sonst unbekannten Werkes ist Belli selbst noch unsicher, womit denn auch jene Stelle ihre Authenticität verliert. Jedenfalls bleiben die Bedenken, welche von den oben angeführten griechischen Wortformen angeregt werden, in Kraft.

199) „Loquebatur enim idiomate Gallico non insipide, ferturque eo lingua scripsisse nonnihil" etc. Da Dante sich längere Zeit in Paris aufhielt, auch mit der provenzalischen Poesie vertraut war und in seiner Jugend dem Brunetto Latini so nahe stand, der sein Hauptwerk, il tesoro, französisch schrieb, so wäre es in der That zu verwundern, wenn Dante nicht des Französischen mächtig gewesen wäre; mehr aber als dies ist vorläufig nicht zu erweisen.

200) Beide Studien-Aufenthalte werden in das Exil, und zwar dem Pariser in der Zeit vorangestellt: in Cremona soll Dante Natur- und Rationalphilosophie bei Giovanni Conti (Joannes Comes), in Neapel Logik bei Paolo Archino gehört haben.

201) Filelfo zählt vierzehn Gesandtschaften auf, die Dante ausgerichtet haben soll: 1. nach Siena zur Gränzausgleichung („pro finibus quos suo nutu composuit"); 2. nach Perugia zur Befreiung einiger daselbst festgehaltener florentinischer Bürger („quos secum reduxit"); 3. nach Venedig zur Abschließung eines Bündnisses („quod effecit ut voluit");

4. an den König von Neapel mit Geschenken („contrahendae amicitiae gratia, quam contraxit indelebilem"); 5. an den Markgrafen von Este („in nuptiis, a quo praepositus est legatis reliquis"); 6. nach Genua („pro finibus, quos composuit optime"); 7. abermals an den König von Neapel zur Befreiung des Banni Barbucci, der hingerichtet werden sollte und nun in Folge der herrlichen Rede Dante's, deren Anfang wieder mitgetheilt wird („Nibil est, quo sis, rex optime, conformior Creatori cunctorum, et regni tui largitori, quam misericordia, et pietas, et afflictorum commiseratio"), die Freisprechung erlangte; 8—11. an Papst Bonifaz VIII. viermal („semperque impetravit quae voluit, nisi ea legatione, qua nondum erat functus cum exul factus est"); 12—13. an den König von Ungarn („regem Hunnorum") zweimal („bis missus exoravit omnia"); 14. an den König von Frankreich („aeternum amicitiae vinculum reportavit, quod in hodiernum usque diem radices habet"). Von diesen Gesandtschaften ist durch frühere Biographen nur die verunglückte römische bekannt; urkundlich fest stehen dagegen zwei andere, von Filelfo nicht mit aufgezählte, nämlich nach San Geminiano (s. oben Anm. 87) und die im Auftrage der Malaspina (s. Anm. 88). Wegele (Dante's Leben S. 93) bezeichnet die erste und die siebente der von Filelfo angeführten Gesandtschaften als „wol urkundlich feststehend" und beruft sich dabei auf Pelli, Memorie § 9. Darin finden sich aber, und zwar am Schlusse, nur die urkundlichen Belege für die beiden von Filelfo nicht erwähnten Gesandtschaften; bezüglich aller übrigen sagt Pelli im Gegentheil: „Giovan Mario Filelfo è il solo che di esse (sc. ambascerie) parli con qualche precisione, ed a me non è riuscito di poterne per altra parte sapere di più." Wenn man bedenkt, daß Dante alle jene Gesandtschaften im Namen der Republik Florenz ausgeführt haben soll („Quatuor ac decem legationibus est in Republica sua functus"), also in dem kurzen Zeitraume von seinem Eintritt in den Staatsdienst bis zu seiner Verurtheilung, so sind Zweifel dagegen wol gerechtfertigt.

202) Filelfo nennt die vier Söhne Dante's: Pietro, Jacopo, Allgero und Elisco. Die beiden letzteren starben jung an der Pest; daß auch Jacopo früh verstorben, nämlich in Rom, wo der Vater sich als Gesandter mit ihm befand, ist irrig, da nach dem Berichte Boccaccio's, wie auch nach der Verkaufsurkunde bei Pelli (Ausg. 1738 p. 24, Ausg. 1823 p. 34) der Sohn den Vater überlebte; aus demselben Instrumente geht auch hervor, daß der Stiefbruder Dante's, Francesco, nicht vor demselben starb, wie Filelfo berichtet. Auch verwechselt er insofern Jacopo, den Sohn des Dichters, mit Jacopo, einem Enkel desselben von dem erstgenannten Sohne Pietro, als er dem Neffen die versisicirte Erklärung der Commedia zuschreibt, die vielmehr von dem Oheim herrührt (vergl. oben Anm. 33). Wenn er von dem Commentare Pietro's zur Commedia meint, es könne Keiner die Dichtung richtig erklären, der nicht diesen Commentar gelesen, so müssen wir dagegen sagen, daß das lateinische opus, welches uns unter dem Namen desselben vorliegt, gerade der am wenigsten einträgliche von allen Commentaren ist (vgl. ob. Anm. 37). Von Pietro's Enkel Lionardo berichtet der Verfasser, was er aus Bruni's Vita kannte, fügt aber dazu weiter, Lionardo habe bei seinem Besuche in Florenz auch „paterna manu praescripta quam plurima" gelesen. Von dessen Söhnen hebt er noch Pietro den Jüngeren hervor, seinen vertrauten Freund, dem zu Gefallen er die Vita geschrieben und welchem er auch einige Abschnitte des von ihm verfaßten Commentares zur Commedia mitgetheilt haben will. Gegen die Herleitung des Familiennamens Aligeri (Alighieri) von alam gerere in signo, bald zu Anfange der Vita, macht der Herausgeber (p. 5) die Versicherung Maffei's in den scrittori Veronesi geltend, daß die Familie erst seit ihrer Niederlassung in Verona einen goldenen Flügel in blauem Felde angenommen. (Vergl. oben Anm. 78.)

203) So soll er dem Giannozzo Pazzi (Janotus Pacius), der ihn schmähte, erwiedert haben: „Ich würde Dir antworten, wenn ich nicht im Zorn wäre"; dem Gerl Belli auf die Frage, wer im Staate der Weiseste sei: „Derjenige, welchen die Dummen am wüthendsten hassen"; dem Can Grande auf die Frage, was ihn am meisten ergötze: „Der Umgang mit den Geistern des Alterthums und er wünsche sehnlichst bei den Todten zu sein."

204) Geb. 1424, gest. 1504. Die beiden Commentare nebst Biographieen von Landino und Bellutello vereinigt in der venezianischen Folio-Ausgabe von 1564 (s. ob. A. 71).

205) Während u. B. Leonardo Bruni erzählt, Dante sei an den päpstlichen Hof geschickt worden, per offerire la concordia e la pace de' cittadini, schreibt Bellutello dafür: „a renderli (dem Papste) grazie de la concordia e pace de cittadini, di cho egli iera stato autore", welches Motiv der Sendung doch wol sehr zu bezweifeln. Die Berichtigung, daß nicht Alberto della Scala des Dichters erster Gastgeber in Verona gewesen, bezieht sich nicht auf Bruni, der nur den Familiennamen nennt, sondern auf Boccaccio, ist aber

auch nur halb, indem statt Bartolomeo dessen Bruder und Nachfolger Alboino dafür angenommen wird (vergl. oben Anm. 88).
206) Inf. XV. Purg. XXX. Par. XV. XVII.
207) Während z. B. Bruni schlechthin der Landbesitzungen Dante's erwähnt, fügt der Verfasser nach Filelfo hinzu: „fertili e buone." An eben dieser Stelle findet sich ein störendes Versehen in der Aufnahme des Bruni'schen Textes. Dieser nämlich schreibt bezüglich der Besitzthümer Dante's: „secondo egli scrive." und gleich darauf weiter: „Fu uomo molto pulito" etc., wogegen Bellutello: „Possessioni — molto fertili et buone. Fu, secondo che egli stesso scrive, e che il sopra detto Aretino (i. e. Leonardo Bruni) afferma d'haver trovato di sua mano, di commune statura. Fu polito" etc. Wie wäre diese Zusammenstellung möglich?

208) Kaum scheint es nöthig, hierbei der Fabel zu gedenken, die kurze Zeit Glauben fand, daß Dante sich während seines Exiles auch einmal in Sachsen aufgehalten und dort für den im J. 1307 ermordeten Markgrafen Dietzmann die schlechte lateinische Grabschrift, die noch in der Paulinerkirche zu Leipzig gezeigt wird, verfaßt habe. Stein und Grabschrift sind vielmehr erst im sechzehnten Jahrhundert bei der Renovation der Kirche verfertigt worden, und zwar ist die letztere nach Lessing's sehr wahrscheinlicher Beweisführung ein Machwerk des Poetasters Erasmus Stella; s. Beiträge zur Geschichte der Litteratur aus den Schätzen der Wolfenbütteler Bibliothek, 2. Beitr. 1773 N. 14. Was Lessing von diesem litterarischen Schwindler, der auch Italien bereiste, mittheilt, macht es fast glaublich, daß Bellutello seine Notiz von einem Aufenthalte Dante's in Deutschland am Ende gar nur der Täuschung Stella's, mit dem er vielleicht zusammengetroffen, zu verdanken hat.

209) „tutta la presente Comedia" (vergl. oben Anm. 19).

210) Doch führt der Verfasser trotzdem unter den Schriften Dante's noch besonders auf „Egloghe", „versi heroici", jedenfalls ein Beweis, daß er nur oberflächlich davon unterrichtet war.

211) So nennt der Verfasser als Söhne jenes Pietro (Piero), dem Filelfo seine vita gewidmet, Dante und Jacopo, von denen der erstere die Einladung, nach Florenz zurückzukehren und die eingezogenen Güter wieder als Eigenthum zu übernehmen — Bellutello beruft sich auf eine Abschrift des Original-Documentes hierüber vom J. 1495 — ausschlug und in Verona blieb. Von diesem werden zwei Söhne, Ludovico und Piero, beide Gelehrte, mit vielem Lobe erwähnt und dabei bemerkt, daß sie sich allesammt längst nicht mehr Allighieri, sondern dem unsterblichen Dichter zu Ehren Danti nennen. Der letzt genannte Messer Piero ist es nun, dem der Verfasser manche Aufklärung für seinen Commentar verdankt.

212) S. oben Anm. 72. Den falschen Todesmonat wiederholt noch Giovan Mario Crescimbeni zu Anfang des IX. Jahrhunderts in seiner kurzen Vita di Dante, die sich in der Zatta'schen Ausgabe der Div. Commedia von 1757 Tom. I. p. XI. abgedruckt findet.

213) In jüngster Zeit hat Fraticelli, der rühmlichst bekannte Dante-Forscher, gewisser Maßen die Arbeit Pelli's von Neuem aufgenommen, nämlich in der so eben erschienenen „Storia della vita di Dante Alighieri compilata da Pietro Fraticelli sui documenti in parte raccolti da Giuseppe Pelli in parte inediti. Firenze, G. Barbèra, editore 1861", indem er darin alles Thatsächliche kritisch festzustellen sucht und nach jedem Capitel die Actenstücke mittheilt, sowol die von Pelli und seinem Fortsetzer bereits bearbeiteten und vorgeführten, doch correcter und vollständiger als bei diesen, wie auch eine kleine Nachlese bisher ungedruckter, die manches Wichtige enthalten und auf welche in den vorstehenden Anmerkungen noch Bezug genommen werden konnte. Das Werk ist seine für den großen Leserkreis bestimmte Lebensgeschichte des Dichters, hat vielmehr lediglich eine kritische Tendenz und versetzt in dieser Weise auf den neuesten Standpunkt der Forschungen über Dante.